3男1女　東大理Ⅲ合格百発百中
算数 国語　絶対やるべき勉強法

佐藤亮子

GENTOSHA

はじめに

この本は、小学生が学校で習っている「算数」と「国語」を、保護者の方々が家庭でサポートする方法を述べたものです。

子どもたちは学校できちんと授業を受けます。しかし、それだけではすべてを理解することは難しいのです。

最近は学習内容が増え、高度になっていますのでどうしても家での予習や復習、つまり家庭学習が必要なのが現状です。

それでは、家庭学習はどのように進めたらいいでしょうか。

私には3男1女（上から長男、次男、三男、長女）の4人の子どもがいます。

子どもたちが小学生のころ、私がいつも心がけていたのは、〈楽しく勉強する〉ということでした。
勉強は我慢して苦しみながらするものではありません。必要なことだけに絞り、やるべきことをラクに楽しくできるよう方法を工夫すれば、学習習慣が身につき、確実に成績も上がっていきます。

この本では「算数」と「国語」の2つの教科に絞って家庭学習のやり方を紹介しています。小学校入学前から6年生までの内容を中心にし、中学受験も視野に入れました。

「算数」と「国語」は、中学や高校、大学受験に至るまで必要なばかりではありません。社会人として仕事をしたり、生きていく上で出会う課題を解決するスキルを学ぶ、人生に欠かせない教科だと思っています。この2つの勉強のしかたをマスターすれば、「社会」「理科」「英語」などの教科の勉強法もわかるでしょう。

小学校では算数や国語の教育理論に基づいた方法で授業が進められています。しかし、私は算数や国語を教えるプロではありませんし、実際問題として算数などは高学年になると、難しくて内容自体を教えることはできません。しかし、4人の勉強を見守るうちに、

◎どのように勉強したらいいのか
◎計算や漢字の習熟法
◎ノートの書き方
◎文章題や長文読解の解き方
◎間違えた問題を二度と間違えない方法
◎勉強時間の使い方

など、さまざまな試行錯誤の末、見えてきたものがあります。
この本にはそんな工夫したことを、すべて書きました。
「計算ノートに問題を書く場合、ボールペンはこの色がおすすめ！」「文章題を読み

聞かせるときの息継ぎの場所」など、細かな工夫も全部載せています。

この本で述べたことは、あくまでも母親から見て最短で最適と判断したやり方なので、たとえば、

◎計算は理論を理解する前に問題を解くのが先
◎国語の読解問題は親が読むとすんなり解ける
◎夏休みの宿題は親と協同作業で行う

など、教育学的なセオリーからは外れているかもしれない、掟破《おきてやぶ》りなことも述べています。

「こうしたほうが絶対に子どもにはわかりやすいし、ラク！」と子どもの気持ちを優先してやってきたことなので、教育理論の先生が「それは間違っている!!」と思われたとしてもご容赦くだされば幸いです。

子どもたちの将来を考えると、どんな職業を選択するとしても小学校の勉強を絶対におろそかにはできません。

しかし、下のお子さんに手がかかったり、お仕事を持っているので時間がないという悩みを持つ方は多いようです。

だからこそ、ラクに楽しくできる勉強法で効率よく学ぶことが必要だと思います。

子どもたちが苦手と感じる項目は昔から決まっています。そこをわかりやすく解きほぐして、繰り返し練習すればだれでも得意になると確信しています。

わが家のリビングで、わいわいがやがやしながら、子どもたちがドリルや塾の宿題をし、私が丸つけをしていたときは、本当に楽しい日々でした。

この本の内容が少しでもヒントになり、家庭学習の時間がお母さんにとってもお子さんにとっても楽しく充実した時間になることを願っています。

（この本の文中では、勉強を家庭で見る人を「お母さん」と表記しました。家庭によってはお父さんや別の保護者の方が勉強を見守る場合があるかと思いますが、わが家では私がほとんど子どもを見たことと、やはり今でも子どもたちの家庭学習の責任者はお母さんであることが多いのではないかと思ったので「お母さん」に統一しました）

佐藤亮子

3男1女 東大理Ⅲ合格百発百中 算数 国語 絶対やるべき勉強法

はじめに 003

第1章 学習習慣をつけるにはハードル低く、負担なく

✓ 家庭学習はお惣菜です（学習習慣・入学前～） 020
✓ 多すぎ、難しすぎでは続きません（学習習慣・入学前～） 021
✓ 毎日一定の学習時間を確保するために（学習習慣・3年～） 024
✓ 最高の夏休みの過ごし方（夏休み・1年～） 027
✓ 「お」「ご」「ね」を決めて健康管理（生活習慣・1年～） 029
✓ 家庭学習を続けるための条件とは？（勉強法・1年～） 031
✓ 「やる気出して」「集中して」の精神論より具体論（子育て・1年～） 032

✓「勉強しなさい」と怒らないですむ方法（子育て・1年〜） 034
✓ランドセルから2点の漢字テストが出てきたら……（勉強法・3年〜） 036
✓子どもを叱ってしまうお母さんへ（子育て・1年〜） 040

第2章 中学受験生の母がするべきこと

✓子どもが塾に行きたくない理由（中学受験・4年〜） 044
✓塾の宿題は1－3＋予備日でこなす（中学受験・4年〜） 045
✓伸びる65点と、伸びない65点（中学受験・4年〜） 046
✓テスト見直しと宿題、どっちを優先？（中学受験・4年〜） 048

第3章 お母さんが教える小学校の勉強 算数篇

✓算数はなぜ重要？（入学前〜） 050
✓1から30まで呪文のように数えましょう（入学前） 051

0か6かわからない数字はミスの元（入学前）052
ぐるぐる書きからていねいに（入学前）052
勉強とは事務処理能力のこと（1年〜）055
子どもには難しい教科書の算数理論（1年〜）056

column ▼ 子どもはわからないもの 058

小学校の算数は2学年ごとに山場があります（1年〜）059
1けたのたし算に習熟してください（1年）060
1けたのたし算を見てあげることなら、すべてのお母さんができます（1年）062
「たす1」から始めます（入学前〜）065
1けたのたし算をドリルでする場合（1年）068
計算の問題集を数冊用意（1・2年）069
鉛筆が止まらない状態まで習熟（1・2年）070
子どもは忘れるものです（1年〜）071
お風呂に入る前の時間を利用しても（1年）072
たし算ができればひき算は簡単（1年）073

時計が苦手なら（1年） 074
1↓5、2↓10……と書いてあげましょう（1年） 075
九九は理論より呪文（2年） 077
九九は7の段にご用心（2年） 078
時刻と時間の区別をつける（2年） 080
筆算はノートをゆったり使うと間違えない（2年） 081
ミスを誘発しない筆算のしかた（2年～） 084
分数はバーチャル（2年） 085
分数は1/2、1/4を教えてから1/3を教える（2年） 086
真実は4つ必要？（2年） 087
低学年では難問集は必要ありません（1・2年） 088
時間の計算は縦線を引くとわかりやすい（3年） 089
かけ算の立式（3年） 090
分数はノートを2行使って書く（3年） 091
1からひく分数は慣れが大事（3年） 093

3年は「単位」の学年（3年） 094
単位の換算に迷ったら公式を書く（3年） 096
0が入った単位換算は間違えやすさナンバー1（3年） 097
同じ問題を繰り返すからいいのです（3年～） 098
わり算の筆算（4年） 101
小数のしくみ（3年） 103
四則混合計算は、先に計算する部分を鉛筆で丸く囲む（4年） 104
計算問題は〝間違えない覚悟〟が大事（中学受験・4年） 105
面積の単位換算は公式を暗記しない（4年） 105
小数のかけ算、わり算（4・5年） 107
最小公倍数と最大公約数（5年） 108
素数は暗記する（中学受験・5年） 110
体積は、3回かけると教える（5年） 111
分数の計算は線を長く書き、＝ごとに縦に並べる（5・6年） 113
約分のスラッシュ（／）はミスの源（5年） 116

✔百分率、歩合、小数の換算は2つずつ組ませて後で合体（5年） 118
✔比例・反比例はしくみを覚えて解く（6年） 120
✔文章題は読み聞かせから始める（1年〜） 121
✔「6は3の何倍ですか」。お母さんが読むときの息継ぎは？（3年） 122
✔苦手な項目が出たら「お母さんも嫌いだった」と言う（3年） 123
✔文章題は算数の集大成（中学受験・4年〜） 124
✔線分図や絵で問題を映像化することを教える（中学受験・4年〜） 125
✔公式は覚えなくていい（中学受験・4年〜） 127
✔文章題と読解力は無関係（中学受験・4年〜） 128
✔できる子ほど、ていねいに図を書く（中学受験・4年〜） 129
column ▼ ゲーム 130
✔小数のかけ算の文章題（5年） 131
✔割合は線分図でわかるときもある（5年〜） 135
column ▼ 買い物の途中で算数の問題を出さないで 136
✔図形はフリーハンドで描けるようにする（3年〜） 137

✓ 特殊算の解き方のコツ（中学受験・4年〜） 138

第4章 お母さんが教える小学校の勉強 国語篇

✓ ひらがなは大きく書く（入学前〜） 148
✓ 一筆書きできるひらがなから覚える（入学前〜） 150
✓ ひらがなを書くときは、始点を大事に（入学前〜） 152
✓ カタカナは間違えやすい字をチェックする（入学前〜） 153
✓ きちんと書くことを教えましょう（1年〜） 154
✓ 国語が嫌いな子はいません。字を読むのが苦手なだけです（1年〜） 156
✓ 音読はむしろ親が読む（1・2年） 157
column ▶ プールの授業の日、体温をはからず呼び出された話 159
✓ 漢字は教科書に出てきた順に練習する（1年〜） 161
column ▶ うろ覚えになったままの漢字、ありませんか？ 164
✓ 間違えた漢字は10個書く。忘れたらまた覚えればいい（1年〜） 165

「読書」をしても国語の成績は上がりません（1年〜） 167
column ▼ 読書は人生の答えを探すためにするもの 168
column ▼ 私の読書体験 170
国語の教科書が来たら読み聞かせて予習する（1年〜） 171
〝挙手する子幻想〟がありませんか（1年〜） 172
否定しない子育て（1年〜） 174
子どもはみな「〇〇さん式」（1年〜） 175
ローマ字は絵本か小1の教科書で練習する（3年） 177
古典は暗唱するに限ります（3年〜） 179
文章が理解できないのは体験の少なさが原因（1年〜） 182
いっしょにリアルを体験する（1年〜） 184
灘校の橋本武先生から学んだこと（1年〜） 185
国語は人生経験がものを言う科目です（4年〜） 188
長文読解は鉛筆でたどる（4年〜） 189
教科書のねらい通りに読まなくてもいい（1年〜） 190

✔ 作文を書くために必要なのは何でも言える人です（2年〜） 192
✔ 日記の宿題は口述筆記でいい（1年〜） 194
✔ 夏休みの日記は〝未来日記〟で早く終わらせても（1年〜） 196
✔ 読書感想文は親子で読んでポイントを探す（3年〜） 198
✔ 点がとれて自信もつく知識問題（中学受験・4年〜） 200
✔ 問題集や参考書は〝寄り道学習法〟で進む（中学受験・4年〜） 201
✔ 知識問題項目と攻略法（中学受験・4年〜） 202
✔ 四字熟語、ことわざは新聞の読み聞かせで実感（中学受験・4年〜） 207
✔ 母特製〝必殺ノート〟で反復練習（中学受験・4年〜） 209
✔ 読解問題は、母が音読して〝イメージ読み〟する（中学受験・4年〜） 211
✔ 子どもの黙読力がつくまで読み聞かせる（中学受験・4年〜） 216
✔ 読解問題はまず設問を読む（中学受験・4年〜） 217
✔ 本文は、「だれが」を意識しながら読む（中学受験・4年〜） 220
✔ 「それ」「これ」を書き出す問題は○を薄くつけて読む（中学受験・4年〜） 221
✔ 文章を選ぶ問題は、×の記述を探して絞り込む（中学受験・4年〜） 222

✔ 説明文は新聞記事の読み聞かせでカバーする（中学受験・4年〜） 224
✔ 詩などの韻文は用語を理解する（中学受験・4年〜） 233
✔ 記述式問題は模範解答に近ければいい（中学受験・4年〜） 234
おわりに　〜understandから始めましょう！〜 236

装幀　石川直美（カメガイ デザイン オフィス）
写真　岡本尚樹
本文イラスト　平のゆきこ
DTP　美創
協力　今津朋子

第1章

学習習慣をつけるには
ハードル低く、負担なく

家庭学習はお惣菜です

学習習慣

入学前〜

「子どもの学習習慣をつけるにはどうしたらいいですか」

お母さん方から、数え切れないほど受けてきた質問です。

勉強は、「がんばるぞ」と意気込んでするものでも、お母さんが叱咤《しった》激励してするものでもありません。

朝起きて顔を洗って歯を磨いてご飯を食べるように、勉強も決して特別なことではなく、いつもと同じルーティンワークとして行うものです。子どもたちは、歯磨きしたりご飯を食べるときに、「がんばるぞ」とは思いませんよね。

ねじり鉢巻きを締める勢いで、「やるぞ」と意気込んで勉強しても、続かないものです。ドリルを最初の日に5ページやったけれど、その後は真っ白ということになってしまいます。意気込みが空回りするからです。

では、どうしたら空回りを防げるでしょう。

私は以前、わが家の子どもたちに「勉強はどうやったらうまくいくと思う?」と聞

いたことがあります。彼らは、

「子どもは勉強しているよりも、やっぱり遊ぶほうが楽しいよ。勉強を始めるときは『いやだなあ』って思う。でも、なんとか解けそうな問題だとわかったら楽しくなるかな。勉強は、気合いを入れてがんばってするものじゃなくて、息をするようにふつうに自然にするものだと思う」

と言っていました。

そのためにはその子どもの年齢と能力に合った教材を選び、負担にならない時間と場所を設定することだと思います。そうすると、自然に続けられます。

多すぎ、難しすぎでは続きません

学習習慣
入学前〜

世の中には、いろいろな教材があります。どれも各分野のプロフェッショナルが精魂込めて作成したものです。

しかし、それらがわが子に合っているか、教材のレベルと量をお子さんの年齢、能力に照らし合わせてみてください。

たとえるなら、市販の教材はレストランで食べるフレンチのコース料理。1冊の教材の中に易しいものから相当難しいものまで詰まっています。

修業を積んだシェフが、吟味された材料を使って手間をかけてつくる味は、たまにレストランで食べるとおいしくて、「家でもこんな料理ができたらいいね」なんて言ってみるものの、毎日フレンチのコース料理が続いたらどうでしょう？　飽きてしまうしカロリーオーバーで身体に負担です。やはり続けるのは難しいですよね。

それに対して、家庭学習はお惣菜《そうざい》です。

つくり方は簡単で味もシンプル、贅沢《ぜいたく》な素材は使っていません。でも、毎日食べても飽きません。

家庭学習はお母さんがつくるお惣菜なのです。

教材を選ぶときには子どもの体調や力を見て、負担にならない量と内容を考えてください。

わが家の場合は、長男が幼児教室に通い始めたとき、最初の数ヶ月は私がプリントをやっていました。長男はまだ1歳半で小さかったので鉛筆を持って書くのはたいへんそうだったのです。それで無理強いして勉強嫌いになることを避けなければと思いました。私が全部書いていたのですが、あるとき長男が見にきて、やりたそうにしていたので、1枚渡してみました。長男が1枚、私が9枚、しばらくすると長男が2枚、私が8枚……。というように様子を見ながら少しずつ枚数を増やしていったのです。

幼児教室からもらうプリントがフレンチのコース料理だとしたら、それを子どもに合わせて調整して、4枚を半分の2枚だけにしたり、場合によっては母が代行して、薄味あっさりのお惣菜の味にするのがお母さんのお仕事、家庭学習の第一歩です。

また、難しい問題で力を伸ばそうとしないでください。家庭学習はお惣菜ですから、毎日やるのは基礎的な問題を中心にしたほうがうまく進みます。

10問あれば、すらすら解ける問題を8問、あとの2問を「ん？」と考える問題にすると勉強が好きになります。

学習習慣をつけるには、お子さんができそうなことだけをすることです。そうしていくうちに慣れて、子どもに合った勉強スタイルが形作られていきます。

毎日一定の学習時間を確保するために

学習習慣 3年〜

子どもはそれぞれ、勉強に対する時間のかかり方が違います。プリントをすいすいこなす子もいますが、なかなか進まない子もいます。なかなか進まないと、お母さんはあせったりがっかりしたりしますが、長いスパンで見ればそうは変わらないものです。何よりも続けることが大切なのです。

続けられるように、親と子の生活時間を見て負担にならない学習時間を確保するようにしましょう。

たとえば小学校3年生の学習時間の時間割を考えてみましょう。

◆公立小学校3年生の家庭学習の時間例①

15：30……………帰宅
15：30〜17：30……友だちと遊ぶ（※1）
17：30〜18：00……ごろごろするリラックスタイム

18：00～19：30……夕飯（のんびりいろいろとお話をしながら食べましょう）
19：30～20：30……宿題・家庭学習
20：30～21：30……お風呂、明日の学校の用意など
21：30……………就寝（※2）

※1　友だちと遊ぶ ⇓ わが家は遠方の小学校に行っていたことと、家にたくさんきょうだいがいて遊ぶ相手がいつもいたので地元の友だちと遊ぶ機会は、ほとんどありませんでした。学校から帰ってきてすぐランドセルを放り出して友だちと遊ぶことは子どもの成長にとってとても大事なので、禁止しないほうがよいと思います。思い切り遊んで勉強もする、というのがいいのではないでしょうか。

※2　就寝 ⇓ 就寝の時間は守るようにしましょう。わが家は、小学校1年が8時30分、2年が9時、3年が9時30分、4年が10時30分、5年が11時、6年が11時30分でした。4年から塾に通ったため遅くなりました。この時刻は、厳守していました。

ただ、今は、おけいこごとに通う子どもが多く、毎日おけいこごとがある子もいま

す。また、お母さんが仕事をしている場合はさらに時間がくり下がることもあるかと思います。

その場合を考えてみました。

◆公立小学校3年生の家庭学習の時間例②

15：30……………帰宅
15：30～18：30……友だちと遊ぶ、またはおけいこごと
18：30……母帰宅・夕飯　準備
19：00～19：30……夕飯
19：30～20：20……宿題（20分）と家庭学習（30分）
20：20～21：30……お風呂、明日の学校の用意など
21：30……………就寝

これなら、夕飯後に30分の家庭学習を確保できます。

私は毎日おけいこごとに行くのは多すぎると思っています。子どもは疲れてしまう

ので週に2日までが限度かと思います。各家庭で考えてはいかがでしょうか。無理なく勉強時間を確保できるように工夫してください。

最高の夏休みの過ごし方

夏休み

1年~

なかなか家庭学習の時間が取れない場合は、夏休みを利用するといいでしょう。夏休みは約40日あるので1学期の見直しや学年をさかのぼって苦手項目の復習をするのに最適です。

私は子どもたちの苦手項目を2~3つ前もってメモしておいて、「夏休みにはこれをしようね」と伝えました。あまりたくさんだと消化しきれないので、項目は3つまでが適当です。

夏休みの最初に私がすることがありました。それは紙袋（お店でもらう手提げ袋）を4つ、外側に子どもたちの名前を大きく書いて壁に下げることです。終業式の日にはすぐに通知表にハンコを押して中へ入れます。

そしてできた宿題を次々に入れていきます。まず、早めに学校に提出するプリント類を終わらせます。わが家では最初の3日間で計算と漢字を集中的にまとめて終わらせることにしていました。プリント類は遅くとも7月中には終わらせるといいと思います。読書感想文、日記も早めに終わらせます（196ページ参照）。8月中旬ぐらいまでには工作類、自由研究も終わらせてしまいます。

夏休みの約40日間から旅行、プール、花火、帰省などの日数をのぞき、残った時間を1学期の復習と苦手科目を攻略する時間にあてて、問題集やプリントをします。苦手ということはどこかに穴があるはずですので、前の学年に戻ってやる必要もあります。たっぷり時間がある夏休みには、心に余裕を持って、繰り返し問題を解くことができます。たとえば、単位の換算が苦手なら、やらせたい問題を集めたプリントを前もってつくっておきましょう。勉強できる日が20日あるとしたら20枚コピーして、ファイルに入れ、「1日1枚やってね」と渡します。何をしたらいいか見えるので子どもも安心ですよね。そのように夏休みを過ごすと、苦手ゼロになって2学期が迎えられます。

たっぷり遊んで、勉強も万全。これが「楽しくて最高の夏休み」ということです。

「お」「ご」「ね」を決めて健康管理

生活習慣 1年〜

子どもには、毎朝、元気いっぱいに学校に行ってほしいですよね。
そのためにはよく食べてよく寝ること。特に睡眠時間はじゅうぶん確保してください。子どもの生活時間は最初に「お」「ご」「ね」を決めると、わかりやすくなります。

お……起きる時間
ご……ご飯の時間
ね……寝る時間

この中で一番大事なのは「寝る時間」です。まだ小さい子にとって睡眠は成長するためにとても大事で、寝ないで勉強しても効果は上がりませんし健康にもよくありません。

大人もたっぷり寝ないと活動できない人、夜は比較的短時間寝て、お昼寝をしたほうがいい人などがいますが、子どももそれぞれ必要な睡眠時間の取り方が違います。

お子さんにどのような質の睡眠が必要かを考え、まず、朝家を出る時刻から逆算して起きる時刻を考え、そこからまた逆算して寝る時刻を決めます。

寝る時間が決まれば、ご飯の時間が決まるので、その時間にきちんとご飯を食べ始められるように食事をつくります。

「寝ないで勉強するぞ」ではなく、起きている時間に効率よく勉強して終わったらパッと寝て、エネルギーを蓄えることが大切です。

まず「お」と「ご」と「ね」の3つを設定すれば、勉強時間も決まってくるでしょう。

はじめに勉強時間を決めて、「おごね」を決めるのではなく、「おごね」を決めるのが先です。

家庭学習を続けるための条件とは？

勉強法
1年〜

息をするように勉強をするには、次のような条件が必要です。

◉勉強を始めるハードルは低く

まず、一番はじめのハードルを高くするとやる気が出ませんよね。でも低いハードルなら楽しく次々に跳びたくなります。問題がたくさんあるのならいくつかに分ける、国語の文章が長くて、自分で読むのが負担ならお母さんが読んであげる、など、勉強へのハードルを低くする工夫はたくさんあります。

◉字は大きく

ひらがな、カタカナ、漢字、数字。字はいつも大きく書くと見やすくなります。大きく書くと、自然にていねいに書くことになり、問題を解くときに間違いにくくなりますよ。

◉カラフルに

プリント、ドリル、ノートは色に気を配ってきれいに彩ってみてください。シールや付箋も多用して楽しく勉強しましょう。

◉「わからないものがあるのはあたり前、忘れるのもあたり前」と考える

人間は、なかなかすぐには賢くなれません。それは大人でも同じですよね。ましてや、文字や数字を習ったばかりの子どもは、なかなか理解できないし、覚えてもすぐに忘れてしまいます。それは、あたり前のことだと覚悟して、何度でも理解できるまで、つきあってあげてください。

「やる気出して」「集中して」の精神論より具体論

子育て 1年〜

お母さんたちが好きな言葉のベスト3、それは①やる気②集中③モチベーションです。

子どもたちが「やる気」を出して勉強してくれて、宿題に「集中」してくれて、「モチベーション」を高く持って目の前の勉強をどんどん片づけてほしいと思っています。子どもたちがそうしてくれたらお母さんたちはラクでしょう。

しかし、

「やる気を出して」

と言うだけで、

「はい、わかりました」

と子どもが机に向かえるでしょうか？

なかなかできないと思います。

お母さん自身は「やる気出して」と言えばそれなりに気がすむでしょう。しかしそれは自己満足であって、実際には子どもが勉強するようにはなりません。

ではどうしたらいいかというと、企業にたとえてみたらわかりやすいかもしれません。営業成績がいまいちの部署があるとします。そこで、上司が「がんばれ」「根性出せ」と言うだけでは、部下はとまどうばかりです。しかし、「この地域のニーズをリサーチして営業をかけてみよう」「こんな新製品を開発したらどうか」と具体的に提案するとどうしたらいいかわかり、行動に結びつきます。

では、実際にありそうな場面を想定してお母さんがどうしたらいいかを考えてみましょう。

「勉強しなさい」と怒らないですむ方法

子育て
1年～

夕食が終わってふと見ると、小学生のお子さんがリビングでごろごろしています。学校の宿題もまだ終わっていないようです。

そこで、お母さんは次のように言ってしまいます。

「勉強しなさい」

「やる気あるの？」

「しっかりしなさいよ」

たぶん、お母さんの頭の中には次のような思いが浮かんでいるのでしょう。

夕食が終わって、ほっと一息⇓あ、子どもがまただらけている⇓宿題してないみたい⇓成績が上がらないはずだ⇓大丈夫だろうか⇓この子の将来が心配⇓不安だ

そしてさきほどの怒りの言葉が口から次々と出てくるのです。

このシーンを子どもの側から見てみましょう。お子さんの頭には次のような思いがあります。

ご飯食べた〜、おいしかった〜⇓宿題しないとなあ⇓ランドセルどこにあったっけ⇓少し休憩しよう⇓お母さん何か言ってる⇓いつもの怒鳴り声、いやだなあ⇓しかたないから宿題しよう⇓でも、気が進まないなあ

結局何をすればいいのかわからないけど、お母さんがうるさいからとりあえず、机

について鉛筆を持つ。意欲もなく、やり方も不明のまま時間がすぎるので、当然点数は上がりません。だから、母に対しても、この人の言うことを聞いてもうるさいだけで点数は上がらないし、という気持ちが起きます。小学校時代はそれでも黙って母の言うことを聞いていますが、大きくなってくると、「うっせー」「うぜー」という言葉が出てきます。

だから、子どもへの声かけは、「具体的に」。

何をいつするかを「数値」に落とし込んで伝えてみてください。

そうすると、毎日「勉強しなさい」とあいまいに怒ってばかりいることから脱出できます。

ランドセルから2点の漢字テストが出てきたら……

勉強法 3年〜

具体的に数値に落とし込む方法を紹介します。

あるとき、小学校3年生の男の子のランドセルの底から、漢字テストの紙がぐしゃぐしゃになって出てきました。10点満点で2点でした。お母さんは青ざめて子どもを叱ります。よくある話かもしれません。

この場合、問題点は3つあります。
＊終わってしまったテストの結果を叱る（怒っても2点は10点になりません）。
＊そもそも漢字テストがあることを把握していない（連絡帳を見ていなかった？）。
＊漢字が苦手な子をそのままにしていた（子どもは密《ひそ》かに困っていたかも）。

漢字テストで2点を取ったのは子どもですが、問題は親の側にもあるということを自覚してください。

落ち込んだりしなくても大丈夫ですよ。
過去は振り返らず、未来だけを見て前に進みましょう！

＊「次の漢字テストはいつ?」と子どもに聞きましょう。そして、今後は連絡帳は毎日見てチェックしてくださいね。

⇩

＊漢字テストまで1週間あるとわかりました（翌日でなくてよかったですね。翌日だったら今回はあきらめて、次のテストをがんばりましょう）。

⇩

＊まず計画を立てます。範囲が漢字20個なら、1日4個ずつやると決めます。体調や何かの都合でできない場合も考えて2日ぐらい予備日を取っておきましょう。

⇩

＊毎日夕食前または夕食後に20分（いつ）、リビングのテーブルで（どこで）、漢字テスト専用のノートをつくって練習する（どのように）と決めました。

これで安心です。次の漢字テストでは満点ではないとしても、今よりいい成績が必ず取れます。

そして、2点ということはたぶん漢字自体が苦手だと思うので、小学校1年の漢字から復習するといいですね。

同じように、
＊何を（漢字ドリルを買うなど）
＊いつ（子どもの集中できる時間内で）
＊どこで（親の目の届く場所が◎）
＊どのように（毎日○ページ、ドリルに書き込むなど）
と決めます。

あとは親子で楽しく実行あるのみ。

最初はたいへんかもしれませんが、漢字が書けるようになると楽しくなって、他の勉強にも意欲的になれます。

子どもを叱ってしまうお母さんへ

子育て 1年～

「子どもが勉強しないでだらだらしているとつい怒ってしまいます」というお母さんの声を耳にします。

私はあまり、大きな声で子どもを怒鳴ることはありませんでしたが、一度、長女が算数の単位換算ができなくて答えを適当に書いているときに、「どうしてわからないのッ」とわれを忘れて怒りまくり、持っていたノートで長女の頭をたたいたことがあります。息子たちが「いい加減にしろよ」と止めてくれたのでやめたという思い出がありますから、お気持ちはよくわかります。

私は子どもといっしょにいられる時間は18年間と思っていました。大学入学で家を離れたり、家を出なくても精神的に離れていくのはだいたいそのころかと思っていたからです。18年というと長いようですが、1/3は寝ている時間で、学校に行っている時間などを考えると、いっしょにいる時間は思っているよりも短いのです。お子さんが小さいうちは子育てはエンドレスのように思えますが、実は極めて限られた時間なのです。

ですから、せっかく子どもを授かって育てているのに、叱ったり怒鳴ったりするのはもったいないのです。どうせなら、楽しくなごやかに過ごしたいですよね。叱らなくてもいい方法を探しましょう。

私の予想通り、わが家の子どもたちは18歳になると次々に家を出ました。現在、上2人は研修医として働き、下の2人は学生生活を楽しんでいます。

今の私には子どもたちの背中しか見えず、しかもその背中がどんどん遠ざかっていくので少し寂しい気はしますが、18年間一生懸命、子育てしたことには満足しています。

いつもにこにこしている完璧なお母さんは理想的ですが、ときどきは感情的になるのもしかたないですよね。でもお子さんに対して爆発しそうになったら、子どももはいずれ離れていってしまうことを思い出して、「今このときをたいせつに」と心の中でつぶやいていただけたらと思います。

第2章

中学受験生の母がするべきこと

子どもが塾に行きたくない理由

中学受験 4年〜

お子さんが塾に行くことをいやがることがありますが、そのとき、保護者は「うちの子にはこの塾が合わないのかも」と転塾を考えることが多いようです。場合によっては6年生になって塾を替えることもあると聞きました。

子どもが通塾をいやがる理由は何でしょう？　主な理由は、宿題と点数です。

宿題がうまく回っていないのです。家で宿題をしっかりすませていれば、テストも怖くないので塾をいやがりません。通常、塾では、①授業を受け②宿題をして③テストを受ける、この繰り返しでカリキュラムが進んでいきます。

当然、宿題をしていかないと、子どもは受ける前にテストの点が悪いことがわかるので、塾に行きたがらないのです。

＊宿題をしてある ⇓ テストで点数取れそう ⇓ 塾に行きたい

＊宿題をしていない ⇓ テストで点数取れそうもない ⇓ 塾に行きたくない

簡単な図式ですね。

そのためにはスケジュールを組んで宿題を少しずつこなすのがコツです。

塾の宿題は1―3＋予備日でこなす

中学受験 4年～

中学受験の勉強は親には教えることができません。小学校の教科書より高度な内容が出題されます。中学受験をめざす人は進学塾に通うのが最も効率がよいでしょう。

親はマネジャーとして、子どもの健康と勉強スケジュールの管理、塾への送迎をします。

勉強スケジュールの管理は主に、「宿題をする日程」を決めることです。

先に述べたように、塾は、授業⇓宿題⇓復習テストの繰り返しが基本で、これに模擬試験や特別授業などが加わって構成されているのがほとんどです。

宿題ができていないまま塾に行くと、復習テストの点が悪くなるのは必然。塾に行きたくないと思うのは当然の流れですよね。

次の塾の日までに宿題を全部やっていれば、復習テストの点数も取れて、意欲的になれます。つまり、塾の勉強の基本は宿題といえます。

ただどこの塾でも宿題の量は多いので、こなすのはたいへんです。

それで私は、すべての宿題をラクに楽しくすませることができるように宿題を1/3に分けて、問題集のページに日づけを書いてわかるようにしました。

なぜ1/3かというと、1/2だと分量が多くてこなせず、1/4に分けると子どもは4日前の内容は忘れてしまうもの。いろいろやってみて、わが家は3日に分けることになりました。

塾の日が水曜日なら、宿題を土曜日、日曜日、月曜日にするように三分割しておきます。火曜日は予備日にします。予備日には宿題の中で気になるものをもう一度すると、より納得して次の日のテストにのぞめます。

宿題をしっかりやって受けたテストが65点だったとします。65点……お母さんはもう少し点数が欲しかったと思うかもしれませんが、しっかり宿題をしていった結果の65点を嘆かないでください。

子どもは、じゅうぶんに準備をして受けたテストなので、35点落としたのは非常にくやしいと思い、自分はなぜ間違えたのだろうと深く考えます。その反省の気持ちが大切で、次のテストに落としてしまった35点が生きてくるのです。

しかし、一方、宿題をじゅうぶんにすませないでテストを受けてなんとなく65点が取れてしまった子どもは、そのテストに対してそこまでやる気も思い入れもありません。だから、テストが返ってきてもそのままにしてしまうことが多く、そこから伸びる可能性はあまりないのです。本人は「宿題をやっていたらテストはできたのに」と思い、内容の反省はしないことになります。

宿題をしっかりやっていった場合の65点には、「次はもう少しがんばろう」と前向きな気持ちが生まれます。次につながる65点だと言えるでしょう。

テスト見直しと宿題、どっちを優先？

中学受験 4年〜

塾のテストが戻ってきたら見直しをします。といっても次の宿題もあるので、宿題とテストの見直しの両方をしないといけません。

限られた時間の中で、どちらを優先するかと言えば、次の宿題を優先するべきだと思います。

テストを見直すときは、「あ〜もうちょっとでできていたのに残念だったね」という惜しい問題を見直すだけにとどめ、テストの最後によく出題される難しい文章題など、〝今の実力では解けそうもない問題〟は捨ててかまいません。

「受験に合格」するということは限られた時間を有効に使って実力を伸ばす一大プロジェクトです。

とうてい解けそうもない問題に長い時間をかけるよりも、どんどん先のカリキュラムをこなし、前に進みましょう。見直しをさっさとすませ、次回の宿題にとりかかる。とりあえず前へ前へと進むことが大切です。

第3章

お母さんが教える小学校の勉強

算数篇

算数はなぜ重要？

入学前〜


算数はなぜ重要なのでしょうか。

それは物事を具体的に把握し、論理的に思考する力が培われるからです。

たとえば、

「よしお君は足が速くてすごいね」

「まさる君も足が速いよ」

と言っても2人の足の速さは不明瞭ですが、よしお君は50mを8秒で走り、まさる君は50mを7・6秒で走ると具体的にわかれば、どちらがどれだけ速いか明確です。

数字に拒否反応を示さず、頭の中で数の表す意味を理解することができれば、物事を論理的に考えることができます。それは生きていく上で起きる問題に筋道を立てながら、解決していくことにつながります。

1から30まで呪文のように数えましょう

入学前

子どもが最初に出会う算数は1から10までの数です。よくお風呂に入って10まで数えたら上がろうねといったりしますよね。

大人は1、2、3、4、5、6、7、8、9、10を数として認識していますが、小さい子にとっては「いちにいさんしごろくななはちきゅうじゅう」という呪文のような言葉で、はじめは意味はわかりません。途中の6とか7を飛ばして唱えたりするのはこのためです。「ものと数を対応させて教えるべき」との考え方もあるようですが、子どもには難しいので、最初は呪文でかまいません。

次第に30まで唱えられ、余力があれば100まで唱えられればいいでしょう。

そのうちに、りんごが1つ、2つ……という実物と対応することが理解でき、呪文が数を表すことに気がつきます。

0か6かわからない数字はミスの元

入学前

数が理解できたら数字を書く練習をします。

0から9までのたった10個ですが意外と難しいのです。ていねいに書くように指導してくださいね。

ていねいに書かないと0と6は、非常に間違えやすい数字なのです。

0と書いたつもりでも、いいかげんに書いてしまうと「6」に見えてしまって自分の書いた数字で計算を間違えることになります。

これをよくケアレスミスと呼ぶお母さんがいますが、ケアレスどころか基本がきちんとできていないことから来る根本的な間違いなのです。

「ケアレスミスだね」などといって子どもを甘えさせないでくださいね。

ぐるぐる書きからていねいに

入学前

子どもが最初に書くものは、だれもが同じです。紙にクレヨンや鉛筆でグジャグジャと書き始めますよね。自由自在になぐり書きを始めたら、次に、道路のような線を書いてあげて、その中を通って書く練習をさせてみてください。

始点から終点まで道をはみ出さないようにクレヨンややわらかい鉛筆でなぞり書きをします。

子どもの手は筋肉が発達していないので、うまく筆記用具をコントロールすることができません。

最初はどうしてもはみ出してしまいますが、最終的には道をはみ出さずに書けるようにしてください。3〜4歳でできるようになるでしょう。

自由自在にはみ出して書いたものを、ほめてそのままにしておかないでください。ここで「ていねいにする」ということを教えてくださいね。

お母さんたちはとかく、はみ出していても書いただけで上出来と思ったり、自由に書くことを個性的と思いがちですが、この決められた道をはみ出さずになぞることが

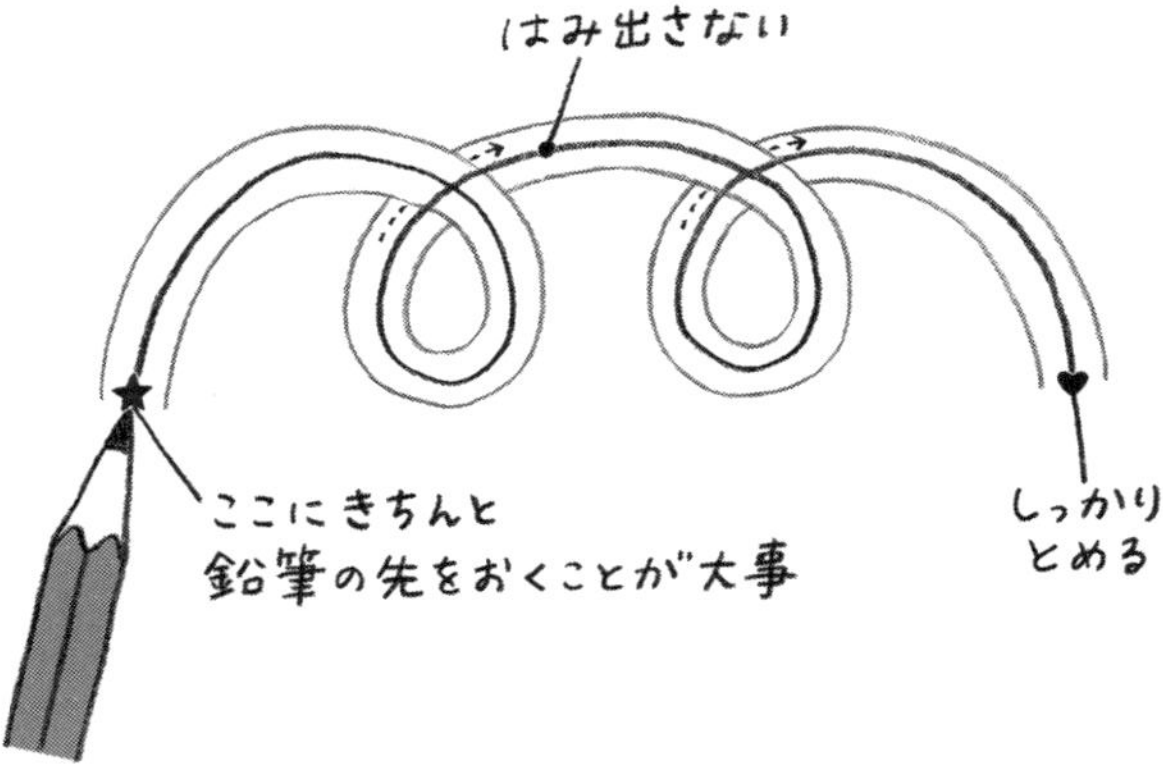

できることが、数字やひらがなをていねいに書くことにつながります。高学年になって算数の文章題を解くとき、線分図がきちんと書けることが正解への道ですが、ここでていねいに書くという気持ちが、生かされます。

ですから、この時期に教えたいのは「ていねいにする」ことです。人間は急には変われません。小さいときの習慣づけがあとあと、ものをいいます。

勉強とは事務処理能力のこと

1年～

勉強とは知識を得たり、思考を深めるためにするものですが、その土台になるのは事務処理能力です。

たとえば、問題をノートに写すときに、1カ所でも写し間違えると、いくらがんばっても正解は出ません。社会人になっても左の記録を右に正確に書き写すことができないと仕事にはなりませんよね。

勉強の基礎は文字や数字をしっかり書くことから始まります。

文字や数字はいわば記号です。記号は、正確に書かなければ「暗号」になって人に伝わりません。

問題を出した人（先生）に伝えるために答えを書くのですから、ぐちゃっとした読めない文字や数字では正確に内容を伝えることはできません。

小学校中学年以降になって、

「どうしてうちの子は点数が取れないのだろう」

「理解しているのに点数に結びつかないのはどうしてだろう」

と悩む保護者の方は、ぜひ文字と数字がきちんと書けているかを一度チェックしてみてください。

もし書けていないようなら、再度、きちんと字や数字を書いて写す事務処理能力をつくっていただきたいと思います。

子どもには難しい教科書の算数理論

1年～

今回、今の小学生が習っていることを知るために、小1から小6の算数と国語の教科書を久しぶりに読みましたが、「かなり難しくなっている」と感じました。

特に算数は、高学年になると x、y が出てきたり、以前は中学校で学習した場合の数などの分野が取り入れられています。

〝なぜ、そうなるか〟という算数理論に重点が置かれているのも特徴です。

たとえば、1年生でたし算を習うときに、5は4と1、3と2、2と3、1と4というように数のなりたちを習い、その後でたし算が登場します。たし算の概念を最初に習うのですが、子どもにとっては難しいかもしれないなあと感じました。この段階では子どもたちはまだじゅうぶんに国語力が育っていないので、教科書に書いてあることを読み取るのが大変なのです。

なぜこのようになったのかを知りたくて、「学習指導要領」（文部科学省『小学校学習指導要領〈平成29年告示〉解説算数編』）を取り寄せました。

細かい字でびっしり書かれた指導要領を読むと、数学の研究者の方々が、これからの子どもたちに身につけさせたい算数の概念を重視されたことがわかります。教科書はそれを形にしたものだということですね。

しかし、概念も重要だと思いますが、小さな子どもたちにとっては概念から入ると理解しづらいのではないでしょうか。もっとシンプルに効率よく教えることがたいせつなのではないかと思いました。

1けたのたし算なら、理解しやすいものから練習していって、じゅうぶん習得できた後で、「たし算というのはこういう意味があるんですよ」という理屈を教えてもらったほうが子どもたちは理解しやすいと思います。

column
子どもはわからないもの

小学校1年生の教科書を入学したばかりの子が難しいと感じるのは、意外と複雑な構成になっているからかもしれません。

教科書を見ると、いろいろな動物が並んでいて、さるが何番目かを答えさせる問題がありました。

大人なら、「動物の中でさるが何番目かを答えるのだな」とわかりますが、そのページには、列に並ばず、木の上から列を見ているさるがいたりします。そうすると子どもは、木の上のさるの扱いに困るようです。小1の子は、まだ絵本の世界にいますので、いろいろなさるが目に入って混乱したりするものなのです。

ですから、テストで子どもが間違えても、むやみに叱らないでいただきたいと思います。なぜ間違えたのか、子どもの身になって考えればむしろ、子どものイメージの広さに感心することがあるかもしれません。

小学校の算数は2学年ごとに山場があります

1年〜

小学校6年間の教科書を全部読んで、6年間を3タームに分けられると感じました。各タームでの山場というかつまずきやすいポイントは次の通りです。

1〜2年＝計算
3〜4年＝小数、分数、単位
5〜6年＝割合、速さ

家庭学習の目標は、1〜2年のうちに計算に慣れておくこと。

3年は重要項目が目白押しなので用心して子どもの理解度を見守ります。

1年の最初に、「さるは前から何番目？」と習っていたのに2年後にはもう、小数、分数、単位と山盛りで、親としてはわが子が落ちこぼれないように注意しなければいけません。

4年では難度は上がるものの基本は3年の発展形ですね。

5年からは新しい項目を押さえておかなければなりません。

そして最終学年の6年はこれまでに培った力を発揮し、そのままの勢いでいけます。

そして、中学校の数学につなげます。

全体を見ると4年までが勝負かなと思いました。4年生が終わるまでに基本的な計算力を身につけ、苦手分野をなくしておくことが大事です。

算数は積み上げていく教科なので、前の学年内容を習得していないとわからなくなります。

お母さんは、子どもたちが落ちこぼれないようにこまめにチェックすることが必要です。

1けたのたし算に習熟してください 1年

1けたのたし算はとてもとても大事です。

これは大学受験まで続く算数・数学の大本になるものです。

もし、どなたかに本書には何が書いてあったのかを尋ねられたら、「1けたのたし算が一番大事と書いてあった」と言ってくださってもかまわないほどです。

1けたのたし算は、ひき算や九九、小数、分数から文章題に至るまでの算数の基礎の基礎の基礎になるものです（大事なことなので3回！）。

たとえば、小学校高学年や中学受験で出題される文章題で、時速7㎞と時速8㎞と条件が出た場合、7＋8＝15という計算の連想から頭の中で15という数字が思い浮かぶことがヒントになります。頭の中で、7、8、15という数字が泳ぎ出したら正解への道のりが見えてくるのです。

そのためには1けたのたし算の答えが反射的に出るまで習熟しておく必要があります。

学年が上がるにつれて、100、1000、10000と出てくる数字は次第に大きくなっていき、数字に慣れていないと子どもたちは大きな数字におびえて、理解する前に苦手と思い込んでしまいます。しかし、1けたのたし算にきちんと習熟していれば数字におびえずに問題に向かっていけます。

1けたのたし算を見てあげることなら、すべてのお母さんができます

1年

〝1けたのたし算をすらすらできるようになるまで家で見てあげる〟ことは、日本中のお母さんができます。

所要時間は毎日10分、長くても半年間でマスターできます。お金もかかりません(コピー用紙とマーカーが要るだけです)。

1けたのたし算を押さえておけば必ず算数が得意な子になります。

だいたい世の中では1けたのたし算は、7＋8のとき、7はあと3で10なので、8を3と5に分解して10をつくり、10＋5＝15と答えを出す、いわゆる「さくらんぼ計算」で説明します。教科書の考え方も同じようです。

しかし、私感ですが子どもにとってはある数が10まではいくつかを考えるのはいわばひき算です。つまり7＋8は、

10－7＝3

8－3＝5

7＋3＝10

10＋5＝15

と、ひき算⇓ひき算⇓たし算⇓たし算と4回も計算することになりますよね。

それでは、1つのたし算をするのに頭の中でぐるぐると計算しないといけなくなります。つまり1問1問このやり方ですると頭の中が「さくらんぼ」でいっぱいになるのです。

やはり「たす1」は次の数、「たす2」は次の次の数と数字の並びに慣れ、「たす3」からは暗記していくといいのではないでしょうか。

ただシンプルに、「1けた＋1けた」を覚えるのが算数の初歩で、習熟への最短距離だと思います。「1けた＋1けた」は考えずに反射的に答えられるまで、トレーニングをするということですね。ここでがんばると、あとがラクです！

1けた＋1けたのたし算リスト（10＋含む）

たす1

1 + 1 = 2
2 + 1 = 3
3 + 1 = 4
4 + 1 = 5
5 + 1 = 6
6 + 1 = 7
7 + 1 = 8
8 + 1 = 9
9 + 1 = 10
10 + 1 = 11

たす2

1 + 2 = 3
2 + 2 = 4
3 + 2 = 5
4 + 2 = 6
5 + 2 = 7
6 + 2 = 8
7 + 2 = 9
8 + 2 = 10
9 + 2 = 11
10 + 2 = 12

たす3

1 + 3 = 4
2 + 3 = 5
3 + 3 = 6
4 + 3 = 7
5 + 3 = 8
6 + 3 = 9
7 + 3 = 10
8 + 3 = 11
9 + 3 = 12
10 + 3 = 13

たす4

1 + 4 = 5
2 + 4 = 6
3 + 4 = 7
4 + 4 = 8
5 + 4 = 9
6 + 4 = 10
7 + 4 = 11
8 + 4 = 12
9 + 4 = 13
10 + 4 = 14

たす5

1 + 5 = 6
2 + 5 = 7
3 + 5 = 8
4 + 5 = 9
5 + 5 = 10
6 + 5 = 11
7 + 5 = 12
8 + 5 = 13
9 + 5 = 14
10 + 5 = 15

たす6

1 + 6 = 7
2 + 6 = 8
3 + 6 = 9
4 + 6 = 10
5 + 6 = 11
6 + 6 = 12
7 + 6 = 13
8 + 6 = 14
9 + 6 = 15
10 + 6 = 16

たす7

1 + 7 = 8
2 + 7 = 9
3 + 7 = 10
4 + 7 = 11
5 + 7 = 12
6 + 7 = 13
7 + 7 = 14
8 + 7 = 15
9 + 7 = 16
10 + 7 = 17

たす8

1 + 8 = 9
2 + 8 = 10
3 + 8 = 11
4 + 8 = 12
5 + 8 = 13
6 + 8 = 14
7 + 8 = 15
8 + 8 = 16
9 + 8 = 17
10 + 8 = 18

たす9

1 + 9 = 10
2 + 9 = 11
3 + 9 = 12
4 + 9 = 13
5 + 9 = 14
6 + 9 = 15
7 + 9 = 16
8 + 9 = 17
9 + 9 = 18
10 + 9 = 19

「たす1」から始めます

入学前～

学校で使う「さんすうセット」には計算カードが入っているかと思いますが、概して小さいのが難点です。

子どもに何かを教えるときは、「何でも大きく」すると効果アップ！　市販のカードがあるなら利用しますが、手づくりしてもいいでしょう。

◆手づくり計算カードのつくり方と使い方

①A5の紙（少し厚みがあるものが使いやすい）に1問ずつ計算と答えを書く。数字を強く印象づけるために、数字を大きく書き、＋＝は小さく書くのがコツ。角を丸く切っておくと安全。

②はじめは「3＋2＝5」と答えが書かれているカードでおぼえさせます。頭の中に「3」「2」「5」の3つの数字をおよがせるのがコツ。

③次は「3＋2」のカードで、答えをいった後裏の「5」を見せる。必ず裏がえして

「5」という数字を確認させることが大事です（苦手なたし算だけでもいいです）。お母さんが口頭で「5だね」というだけでは、不十分です（視覚で確認させるのがたいせつなのです）。

最初に「たす1」を全部やっていくのは、子どもにとって「ある数の次の数」はわかりやすいからです。最初に、1＋1、2＋1、3＋1……9＋1としていくとたし算にすんなり慣れていけます。

私は、「たす0」のカードはつくりませんでした。0をたしても変化がないのでおもしろくないのと、なるべく問題数は少なくしたかったからです。そのかわり、1＋10、2＋10……のように、「たす10」のカードは、つくりました。それは2けたに慣れれば、けたが上がる次のステップに誘導できると思ったからですが、子どもの負担になるようならなくてもかまいません。

「たす1」ができたら、「たす2」「たす3」と「たす9」まで練習します。

「たす2」は次の次の数なので子どもはとらえやすいでしょう。

次の「たす3」になったら、「次の次の次」になるのでもう暗記させてください。

次の「たす4」はさらに難しいので時間が必要になるかもしれません。

しかし、時間がかかってもいいので、あせらずに練習していきましょう。

1＋4、2＋4、3＋4……9＋4とやっていくと、子どもは答えの数が1つずつ増えていくことがわかります。

順番通りに紙を見せて答えられたら、問題をシャッフルしてみましょう。

1＋4、2＋4、5＋4、7＋4、3＋4……などです。

また、シャッフルして、今度は前にやった易しいたし算を入れるのもいいでしょう。

……7＋4、8＋4と難しくなったとき、次に3＋1、2＋2など易しい問題がときどき出て来ると、子どもはほっとして嬉《うれ》しくなるものです。嬉しくなるとまた続ける意欲が湧いてきます。

勉強は罰ゲームではありません。

子どもをほっとさせるのはとても大事です。お母さんはお子さんの表情をよく見て、お子さんが楽しんでいるかどうか見ながら問題を出していってくださいね。

◆間違えやすい問題

よく間違える問題は、それだけをA４のコピー用紙に書きます。今度は黒でなく、赤や黄色、紫や青や緑など色を使います。色を変えることで気分が変わります。黄色のマーカーは見にくいのでまわりを紫色でふちどったりしました。それでも答えがすらすら出ない問題は、いつでも見えるように壁に貼っておくといいですね。

1けたのたし算をドリルでする場合　1年

1けたのたし算をドリルでする場合。

私は問題に「2＋3＝　」と＝が印刷されているものを選んでいました。

あらかじめ＝が印刷されていない場合は私がすべての問題に＝を書いてから、子どもに渡していました。

それは＝を書く時間を短縮するためです。

2＋3と見て5と答えが出てそこから毎回＝を書くとほんの一瞬ですが意識が途切れます。これが暗記のさまたげになると思ったのです。

2、3と見てすぐに5と書けるのが1けたのたし算に習熟したということなので、＝を書く時間はもったいないのです。＝を書き忘れてしまわないかと心配しなくても、計算がすらすらできるようになれば、＝を忘れることはありません。

計算の問題集を数冊用意 1・2年

1けたのたし算に習熟するためには、教科書以外のたし算だけの問題集を数冊用意するといいでしょう。

同じ問題集を数冊買ってやってもいいですし、1けたのたし算ならお母さんも問題をつくれると思うので問題をつくって、何枚かコピーするのもいいと思います（「問題を暗記してしまうのでは？」と思われるかもしれませんが、問題を暗記するためにやっているので、まったくかまいません）。

鉛筆が止まらない状態まで習熟 1・2年

では、1けたのたし算がどれぐらいできたら、習熟したと言えるのでしょう？

「だいたいできていると思います」では不足です。

「頭にしっかり入っていると思います」……それはほんとうでしょうか？

私が考える、1けたのたし算の習熟度が到達点に来ている状態とは、ドリルをしていて、手が答えを書きながら止まらない状態を言います。

最初の問題から最後の問題まですらすらと鉛筆が走ってストップしないならOKで

す。途中で「ん?」と一瞬でも鉛筆が止まったらまだまだと思ってくださいね。

子どもは忘れるものです

1年~

1けたのたし算は小学校1年生で習いますが、小学校に入ると子どもたちは慣れない生活を始めて忙しく、心身に負担がかかりがちです。お子さんの意欲と適性を見て、できそうなら比較的時間がある幼稚園時代に1けたのたし算をしたらいいと思います。

長男が「たす5」をしていたときに、祖父母がわが家に遊びに来ました。少し長く滞在して、いっしょに出かけたりして思い切り遊んでもらいました。おじいちゃん、おばあちゃんが帰った後、「たす5」をしてみたらまったく忘れていました。「たす5」ばかりか「たす4」もすっかり忘れていたのです。

「あら~」と思いましたが、また「たす4」から始めました。

ほんの何日かしなかっただけで子どもは忘れるものなんだと思いました。忘れたら、また最初からやればいいことなので、やりなおしました。

すっかり忘れたといっても、少しは記憶に残っているもの。前と同じ時間が必要というわけではありませんし、もし、前と同じ時間が必要になったとしてもまた、同じ時間をかければいいのです。

しかし、せっかく覚えたものを忘れてまた時間をかけるのはあまりにももったいないので、次に祖父母が遊びに来たときは、おじいちゃんに少しだけたし算の練習につきあってもらいました。

おじいちゃんも楽しんでいましたし、長男もおじいちゃんといっしょだとまた変化があるからか、喜んでやっていました。

お風呂に入る前の時間を利用しても

1年

1けたのたし算の練習はいつすればいいでしょうか？

子どもの集中力を考えると1日10分とか15分ぐらいが適当かと思います。

帰宅して遊んで、宿題して、ご飯を食べて……となると意外に家庭学習の時間を確保するのは難しいものです。また、母子ともども夕飯を食べると緊張の糸が切れるのか、夕飯直後に計算をするのは小さい子には難しいかもしれません。

就寝前、お風呂に入る前の時間を利用するのはどうでしょう？

パジャマを用意してお風呂から出たら寝るだけという状態で、「お風呂が沸きました♪」と給湯器が言ってくれるまでの時間を充てるのもいいと思います。

たし算ができればひき算は簡単

1年

たし算がいかに大事かを述べてきました。

ではひき算はどうしたらいいのかと疑問を持つ方が多いと思います。

実はひき算は1けたのたし算が完璧にできていたら、簡単にできるのです。

たし算が反射的にできるようになって、5＋8＝13の計算なら、5、8、13という数字が頭の中で自由に泳ぎ出すようになったら、ひき算はたし算の逆ですから、すらすらできるようになります。

わが家の子どもたちも、私がたし算を徹底的にさせたので、はじめてひき算をしたときも、難なく解けていました。

もし、ひき算で苦労しているお子さんがいたら、ひき算をするのではなく、たし算に戻って練習してみてください。たし算で鉛筆が止まらない状態にしてからひき算をするとすらすらできるようになります。

時計が苦手なら 1年

1年生で時計が出てきます。「さんすうセット」の中に入っている小さい時計で勉強するのもいいですが、「なんでも大きく」のルールに従って、実際の時計を教材にするとリアル感が出て理解しやすくなります。ホームセンターで1000円ぐらいで市販されている時計を1つ用意しましょう。

毎日の生活の中で、「午後3時だからおやつにしましょう」「午前10時に出かけましょう」など時刻を生活と結びつけて言っていると理解しやすいものです。

1年では、「3時半」など「半」が出てきますが、「はん」が何かが子どもにはわかりにくいかもしれません。「はん」は「はんぶんのはん」と伝えるとわかりやすいですね。

実は私は小さいころ、「4時間半」は「4時間の半分」、つまり「2時間」のことだと思っていた時期がありました。何かのきっかけで間違えたのでしょうね。算数はときに言語＝国語と関連しているのでわかりにくい部分が多いのです。

1↓5、2↓10……と書いてあげましょう　1年

なぜ時計が難しいかというと、これまで10進法だったのに急に12進法、60進法が出てくるからです。子どもはなぜ1のところが5（分）で、2のところが10（分）なのかが理解できません。

慣れるまで時計の1の横に5、2の横に10、3の横に15……と書いてあげるとか、シールを貼ったりしたらいいと思います。問題を解くときにも時計の横に同じように

問題　次の時刻を言いましょう。

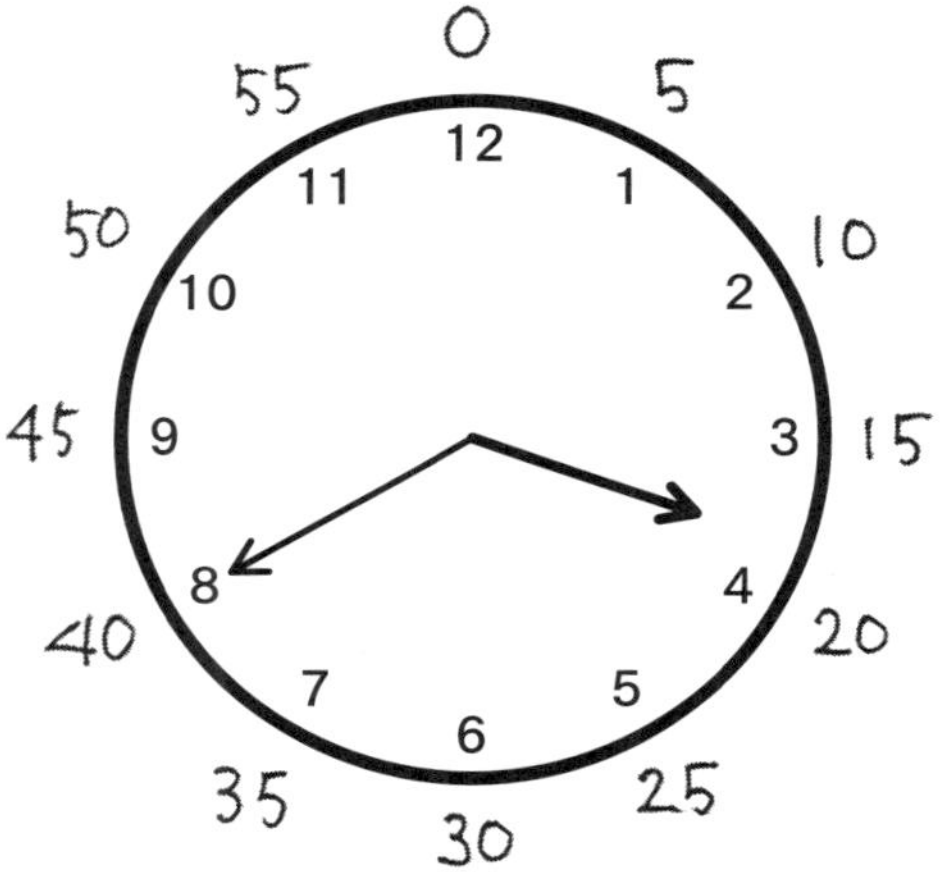

書けばいいのです。

問題は子どもに試練を与えるために出すのではありません。その項目を理解するために出すのですから、わからないならわかるまでヒントを出せばいいでしょう。

ハードルを低くして飛び越えやすくすれば、楽しく勉強できます。いずれ、書かなくてもわかるようになりますよ。

九九は理論より呪文

2年

わが家の子どもたちは九九を歌で覚えました。当時は、九九のカセットテープがあり、車の中で流していたら自然に覚えてしまいました。幼稚園生のころです。

教科書を見ると、小学校では2年生でかけ算のしくみから教えるようです。きれいな絵を使って解説してありますが、内容を理解するのは2年生には難しいのではないかと思います。

内容よりも、まず九九のまる覚えを先にしてしまうのがいいでしょう。小さな子どもには、「にいちがに、ににんがし、にさんがろく……」は計算としてとらえられていません。摩訶不思議《まかふしぎ》な呪文を覚えるのと同じ感覚ですが子どもは耳がよく、吸収する力もあるので覚えてしまいます。

覚えてしまった後で、「にさんがろく」は2×3＝6を表していて、たとえば2個のりんごがのったお皿が3枚あるときのりんごの数が、この計算でわかるということを教えるほうがすんなり頭に入るのではないかと思います。

当時わが家はカセットテープを使いましたが、今はCD、DVDも市販されています。曲と同時に映像で、九九を覚えながらかけ算のしくみが理解できます。

九九は7の段にご用心

2年

九九で注意したいのが7の段です。

わが家は長男が4歳、次男が3歳のときに歌で九九を覚えましたが、覚えてもまだよく口が回らない時期だったので、7×9＝63の「しちく」がうまく言えませんでした。

小学生になっても7（しち）は、4（し）や1（いち）、8（はち）と音が似ているために言いにくい数字だと思います。

7の段は特に注意して唱えられるようにしてください。

$7 \times 1 = 7$

$7 \times 2 = 14$

$7 \times 3 = 21$

$7 \times 4 = 28$

$7 \times 5 = 35$

$7 \times 6 = 42$

$7 \times 7 = 49$

$7 \times 8 = 56$

$7 \times 9 = 63$

逆も言いにくいですね。

$1 \times 7 = 7$

$2 \times 7 = 14$

$3 \times 7 = 21$

$4 \times 7 = 28$

$5 \times 7 = 35$

$6 \times 7 = 42$

$7 \times 7 = 49$

$8 \times 7 = 56$

$9 \times 7 = 63$

答えに出てくる7も要注意です。

1 × 7 = 7
3 × 9 = 27
7 × 1 = 7
8 × 9 = 72
9 × 3 = 27
9 × 8 = 72

また、九九で6×8はすぐに答えられるが、8×6は言えず、頭の中で6×8にして答える子がいますが、いつまでも逆にしないと言えないのはダメです。8×6もすらすら言えるようにしておきましょう。

時刻と時間の区別をつける 2年

2年の時間の単元は、時間の経過を問う問題が出ます。

まず、

1時間＝60分

1日＝24時間

を覚えましょう。「午前」と「午後」も出てくるので、これは教科書のグラフ、時計を見て理解します。

難しいのは「時刻」と「時間」の違いです。「時刻」は連続する時間のある一点を指しますが、「時間」は時刻と時刻の間隔を表すと大人はわかっていても子どもにはわかりにくいのです。なぜなら、日常生活では、10分と10分間を区別しておらず、「このドリル10分でやって」と言い「10分間でやって」とはあまり言わないからです。ここでは、「時刻」と「時間」の違いを言葉で説明し、時間の問題を慣れるまで解くことです。

筆算はノートをゆったり使うと間違えない　2年

2年で筆算が登場します。以後、たし算、ひき算、かけ算、わり算、小数、分数と筆算での計算が増えていきます。

私が子どもたちに教えたのはノートをゆったり使うことです。よく1ページにびっしり筆算を書いている子がいますが、数字が小さくなり自分が書いた数字が読めずに間違うことがあります。

私はノートに問題を書いてあげていました。

問題は青いボールペンで書き、子どもは鉛筆で解きます。

問題と問題の間はあけ、2段目もたっぷり余白を取ります。くり上がり、くり下がりの小さい数字を書くスペースをつくるためです。

けたを揃《そろ》えて書けずに間違うことも多いので、最初のころ、私は縦に薄く鉛筆で線を入れていました。

筆算の線はフリーハンドで書くようにします。小学校の先生によっては定規を使って線を引くように指導する方もおられるようですが、時間と手間がもったいないので、フリーハンドがおすすめです。

問題を書くボールペンはサラサクリップ0・5（ゼブラ）の「コバルトブルー」を使用。青は子どもの鉛筆の色と区別するためと、青には感情を落ち着かせて集中力を高める働きがあるといわれているからです。実際、青と黒で筆算したノートはとても

きれいで感動的ですよ。

鉛筆はわが家の子どもたちは小学校時代は2Bを使用。4年からシャープペンシル、芯はBを使いました。

ノートは贅沢に使いたいので、計算問題用に安価なものを買うといいと思います。わが家でよく買っていたのはイオンのトップバリュ ノートA罫で常に100冊買ってストックしていました。

ミスを誘発しない筆算のしかた　2年～

かけ算の筆算で大事なのは、数字を縦にきちんと揃えることです。

63×2の問題なら、

$$\begin{array}{r} 63 \\ \times\quad 2 \\ \hline 126 \end{array}$$

とお尻を揃えることをしっかり教えます。そのために最初は鉛筆で縦に線を引いてあげるといいでしょう。

書き順も大事で次ページのように書きます。頭の中の流れをいつも一定にすることがたいせつなのです。63の次に×の記号を書くのは、横書きのときの流れと同じにするためです。横書きのときと筆算で書くときの順序を変えるとミスを誘いやすいのです。

①
63

②
63
×

③
63
× 2

④
63
× 2
―――

分数はバーチャル 2年

2年生の最後に分数が登場します。分数が苦手な子は多いのですが、それは分数はバーチャルな（実体をともなわない）概念だからです。

$\frac{1}{3}$のピザと言いますが、$\frac{1}{3}$のピザというものはありません。ピザの大きさはいろいろで直径20㎝のピザの$\frac{1}{3}$と、直径30㎝のピザの$\frac{1}{3}$は大きさが違うので子どもたちはとまどいます。

分数の概念を教えるには、暮らしの中で「分ける」ことを体感させておくといいと思います。

たとえば、おりがみを折って「これが半分、もう1回折ると1/4」というように。おやつをきょうだいで分けたり、夕飯のおかずを等分するようすを見せると、分数の概念は習得しやすくなりますね。

分数は1/2、1/4を教えてから1/3を教える　2年

教科書では分数の単元で最初に1/3が出てくるようですが、子どもには難しいかもしれません。

まず、半分が1/2と教えて、次にその半分、つまり半分の半分が1/4と教えるとわかりやすいでしょう。

それが把握できた段階で、「ピザは3人で分けるときは切りにくいよね。ピザを3

人で分けるときの1人分を1/3と言えば便利だよね。それが1/3よ」

と教えて、実際にピザか丸い紙を1/3に切ってみせたらいいと思います。

真実は4つ必要？ 2年

わが家は3男1女の4人きょうだいです。

「きょうだいは平等に」が私のモットーですから、りんごでもみかんでもキャンディーでも4等分に分けていました。

子どもたちはそれをいつも見ていたので、分ける感覚は実感として身についていたと思います。

あるときのこと。

子どもたちがテレビで『名探偵コナン』を見ていました。

わが家では基本、テレビは見せていませんでしたが、唯一、私自身が気に入ったので見せていたのが『名探偵コナン』でした。当時、バイオリンのレッスンから帰宅した月曜6時からがちょうどコナンの放送時間だったこともあります。名探偵のコナン君は難事件を解決したとき、最後に決めゼリフで、

「真実はいつもひとつ！」

と言うのですが、それを見ていた当時幼稚園児の次男が、小さい声でぼそっと、

「（うちは）4つないと分けられへん……」

と言ったので笑ってしまいました。私が何でも4つに分けていたのを見ていたのでしょう。真実が4つあったらたいへんですが、すぐに分けることを考えた次男がとてもかわいかったです。

低学年では難問集は必要ありません　1・2年

小学校低学年では難問を集めた問題集は必要ありません。

「中学受験を考えているがまだ塾に行くのは早いので、その代わりに難問集をしています」と言う保護者がおられますが、それではお子さんが混乱してしまいます。それ

よりも計算に習熟したほうが実力がつき、塾に行ったときに対応できます。

まだ小さい子どもに難問は不要！

小学校1~2年では単純な計算のトレーニングが必要なのです。同じように低学年では国語の難しい読解問題も不要で、漢字など字をしっかり書けるようにしておくほうがいいと思います。

時間の計算は縦線を引くとわかりやすい　3年

「午前8時30分から1時間10分たった時刻は？」など、3年では時計はさらに難しくなります。頭の中で時計の針をクルクル回すより単純に計算問題として考えたほうが子どもにはラクです。

$$\begin{array}{rrr} & 8 & 30 \\ + & 1 & 10 \\ \hline & 9 & 40 \end{array}$$

答え、午前9時40分

この場合、ふつうの筆算とは違うので子どもはとまどうこともありそうです。

その場合は、時と分の間に縦線を引くとわかりやすいと思います。

$$\begin{array}{rr|r} & 8 & 30 \\ + & 1 & 10 \\ \hline & 9 & 40 \end{array}$$

かけ算の立式 3年

かけ算の理論はたいせつです。2×3と3×2は全く違うということを教えてください。

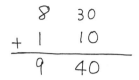

「りんごが2個のっているお皿が3枚あります。りんごはいくつ？」という問題を式にするときは、2（個）×3（皿）とするのが正解です。3（皿）×2（個）は間違いです。

かけ算では、かけられる数とかける数を逆にしても答えの数字は同じ数になりますが、意味は違うことを教えます。

かけ算は2個＋2個＋2個＝りんごが全部で6個ということを求めるもので、3×2と書くと3皿＋3皿＝6皿となり、皿の数を求めることになるのです。

これは、かなりうるさく指導しないと、子どもはいいかげんに書いてしまいますので要注意事項です。

分数はノートを2行使って書く　3年

分数をノートに書くときは、1行に書くのではなく、2行使うとゆったり書けて間違いを誘発しません。

縦に揃える。

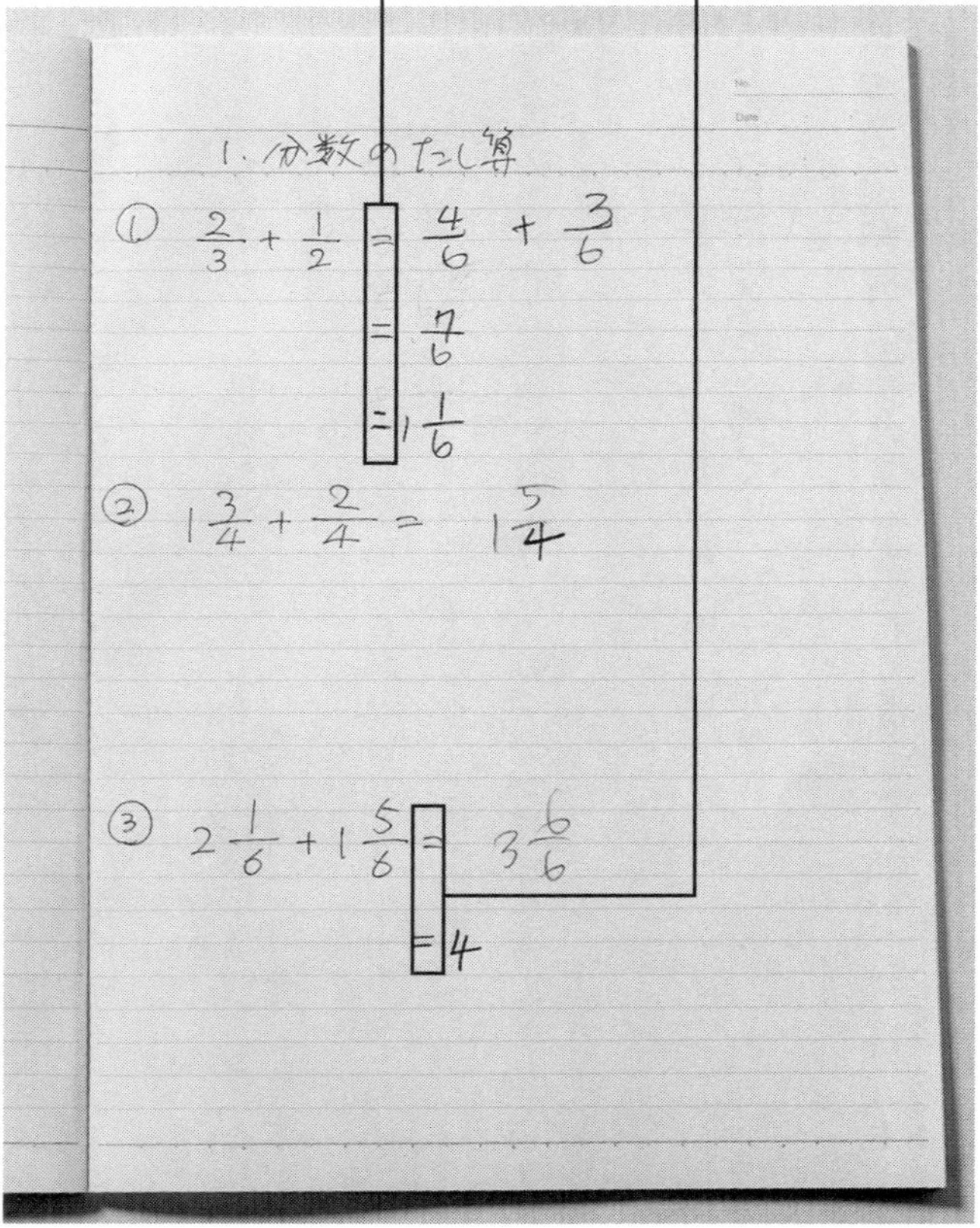

1からひく分数は慣れが大事

3年

分数の計算で分母が同じたし算とひき算は、比較的わかりやすいようです。

難しいのは、1が絡む計算で、$\frac{2}{5}+\frac{3}{5}=\frac{5}{5}=1$はまだわかりやすいようですが、1から分数をひく計算はつまずきやすいのです。

$1-\frac{3}{8}$のような計算は慣れるのが一番。

教科書には問題が数問しかないので、ドリルや問題集から「1－分数」の問題をピックアップしてオリジナルプリントをつくり、毎日10問ずつ1週間続けたら、完璧にマスターできます。1からひくとき分母と分子をなぜ同数にするのかわからなくても、まずは計算。後で理解できる日が必ず来ます。

$$1-\frac{1}{4}=\frac{4}{4}-\frac{1}{4}=\frac{3}{4}$$

$$1-\frac{3}{8}=\frac{8}{8}-\frac{3}{8}=\frac{5}{8}$$

$$1=\frac{4}{4}$$
$$1=\frac{8}{8}$$

これを徹底させます。

３年は「単位」の学年

３年生の後半では単位が出ます。

３年

［長さの単位］

1cm = 10mm
1m = 100cm
1km = 1000m

1mm を 10倍すると ⇒ 1cm
1cm を 100倍すると ⇒ 1m
1m を 1000倍すると ⇒ 1km

３年生の算数の最大の関門で、３年生は〝単位の学年〟と言っても過言ではありません。

まず、上の関係を覚えます。

「うちから駅まではだいたい６００mだね」
「うちからおばあちゃんの家まではだいたい１kmある」
などと話して、日常生活の中で長さや重さを体感すると理解しやすいでしょう。

長さの単位を理解していると、４年以降

[重さの単位]

1g ＝1000mg
1kg＝1000g
1t ＝1000kg

1mgを1000倍すると⇒1g
1gを1000倍すると⇒1kg
1kgを1000倍すると⇒1t

に出る面積や体積を計算して導き出すことができます。

重さの単位も、

＊清涼飲料水に表示されている成分量……ビタミンＣ１０００mg配合など

＊お米……5kg入り、10kg入りなど

＊スイカ……2〜3kg

＊自家用車……1t程度（車種によって異なりますが）

などで体感できます。

単位の換算に迷ったら公式を書く

3年

わが家の長女は単位換算が大の苦手でした。0をいくつつけていいのか迷うのです。

そこで単位換算の問題が出たら、問題の下に単位の公式をとりあえず書くように指示しました。

例：3400m＝□km□mなら、1km＝1000mと書きます。すると3000mが3kmとわかり、残りが400mになります。

学年が進んで小数が入ると、「1gは何kg?」とか、

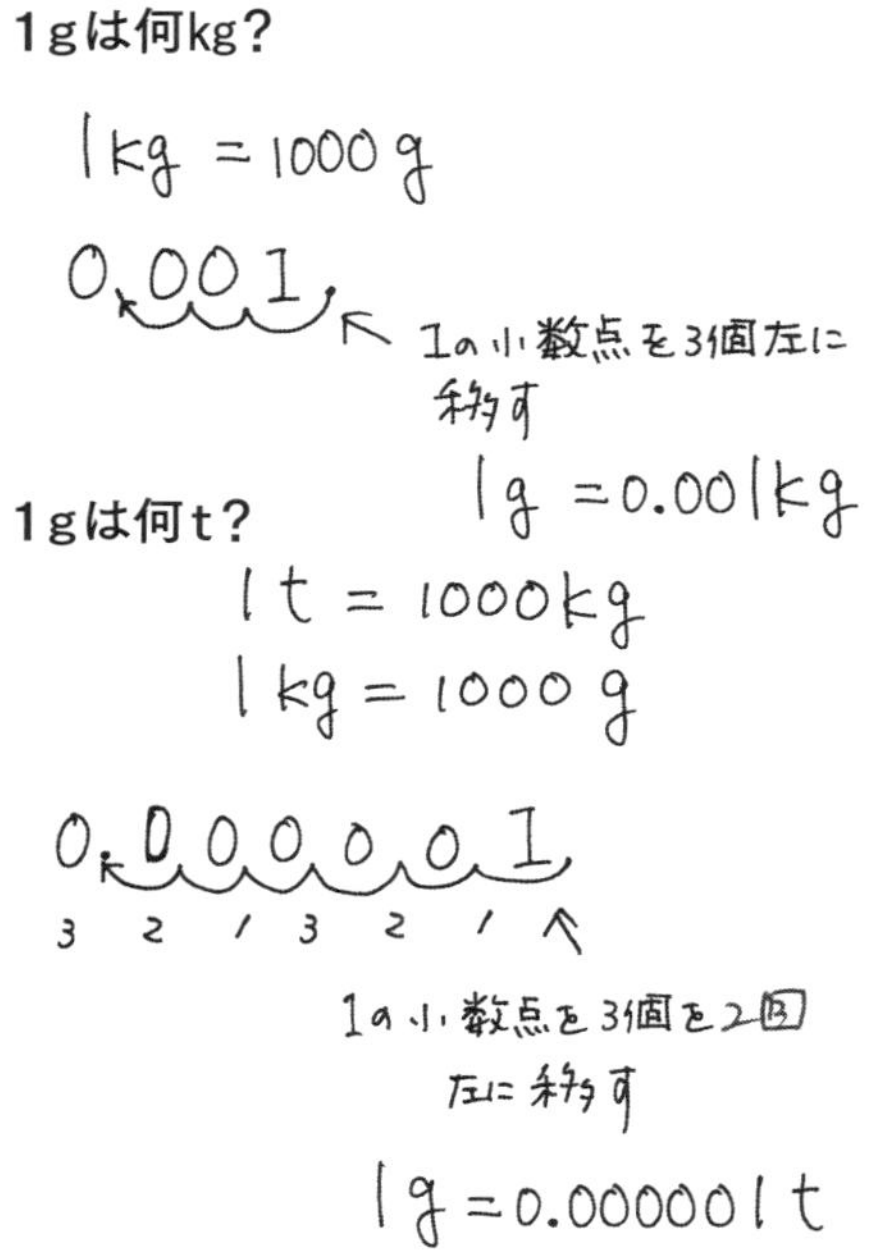
1gは何kg?
1kg = 1000g
0.001
1の小数点を3個左に移す
1g = 0.001kg
1gは何t?
1t = 1000kg
1kg = 1000g
0.000001
3 2 1 3 2 1
1の小数点を3個を2回左に移す
1g = 0.000001t

中学受験レベルでは、「1gは何tですか?」なども出題されます。
その場合も公式を書いてていねいに考えるようにします。

0が入った単位換算は間違えやすさナンバー1　3年

単位の問題で一番間違えやすいのが、0が入った数字を単位換算すること。

3650gをkgに直す問題は、3・65kgと間違えませんが、3065gになると、3・65kgと間違えます。必ず小数点を3つ移し数字をそのまま写して書くようにします。

ここでも必要なのが事務処理能力です。

数字をきちんと書くことや、字を正確に写し書きする力は、文字や数字を覚える前の鉛筆のぐるぐる書き時代に育ちます。最初から「ていねい

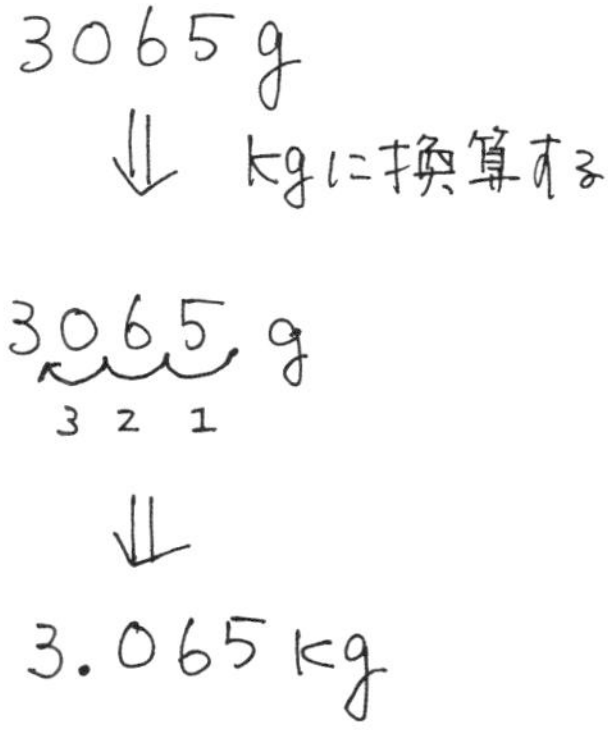

に」することが基本です。

同じ問題を繰り返すからいいのです

3年〜

1㎞＝1000m、1L＝1000ml、1㎡＝10000㎠……という単位換算は小学校の算数の難所で苦手なお子さんは多いですね。

長女はわからなくなると、0を大量に並べて適当なところに小数点（.）を打ってごまかしていたことがありました。

そこで、単位換算の問題を抜き出してプリントをつくり、何回も解くようにしました。

塾のテキスト、小テスト、公開テストなど手元にある問題の中から、単位換算だけをピックアップして切り貼りしてプリントをつくり、コピーしました。

1枚のプリントに約50問ぐらい入りました。コピーはとりあえずは30枚しました。

これで、単位換算だけで50×30＝1500問を解くことになります。

苦手分野ですから、最初は時間がかかりますので、解いている本人はたいへんだったと思います。

しかし、1枚また1枚とやっていくうちに慣れてきて、次第に解くスピードが速くなり、すらすらとできるようになりました。

ここでよく聞かれるのは、

「同じ問題でいいのですか」

ということです。

同じ問題でいいのです！

お母さんたちは、とかく違う問題を出して子どもを鍛えようとします。

難しい問題を出していけば学力がつくと思いがちですが、それは違うのです。

子どもたちは、苦手な問題を解こうとしているのですから、次々に違う問題が出てきたら頭の中が混乱してしまいます。より苦手になってしまいかねません。

ここでの目標は〝問題に慣れて苦手をなくす〟ことなので、同じ問題を何回も解くのがいいのです。

「同じ問題を繰り返すと、最後には問題を暗記してしまうのでは？」

と心配するお母さんもいますが、暗記して身につけてしまうことが目標なのですから、心配することはありません。すべてのものを1＋1＝2の理解のレベルまでトレーニングすることですね。

子どもは、100mlが1dlで、10dlが1L……というパターンが理解できないので苦手になっているのです。問題を暗記するほどに慣れると、そのパターンが定着するので単位を換算するという概念も理解できるようになります。

同じ問題を繰り返すことで、頭の中でパイプがつながって回路ができるのではないでしょうか。

そして最後に、問題の順番を入れ替えたプリントをやり、それがすらすらできたら完成です。

長女は単位換算のオリジナルプリントを、最終的には100枚くらいしたのではないでしょうか。

すらすらとできるようになるまでやる、それが勉強の目標です。

プリントを手づくりするのがたいへんなら、市販の問題集を利用するのでもかまいません。単位換算だけ、分数だけの問題集も市販されています。ピンポイントで鍛えることです。

わり算の筆算　4年

4年生は、2けた÷1けた、3けた÷1けた、3けた÷2けた、小数のわり算を勉強します。

これもかけ算と同じように、ノートをたっぷり使って、縦の数字の並びに気をつけて書くように練習します。青いボールペンで問題を書き、鉛筆で解くのも同じです。

これらの計算で一番の難所が、3けた÷2けたのわり算で、見当をつけて商を立てることです。わられる数とわる数の概数を比べて予想するのですが、これは進学塾に通う子たちも苦労している部分なので、数をこなして慣れていくのができるようになる最短距離です。

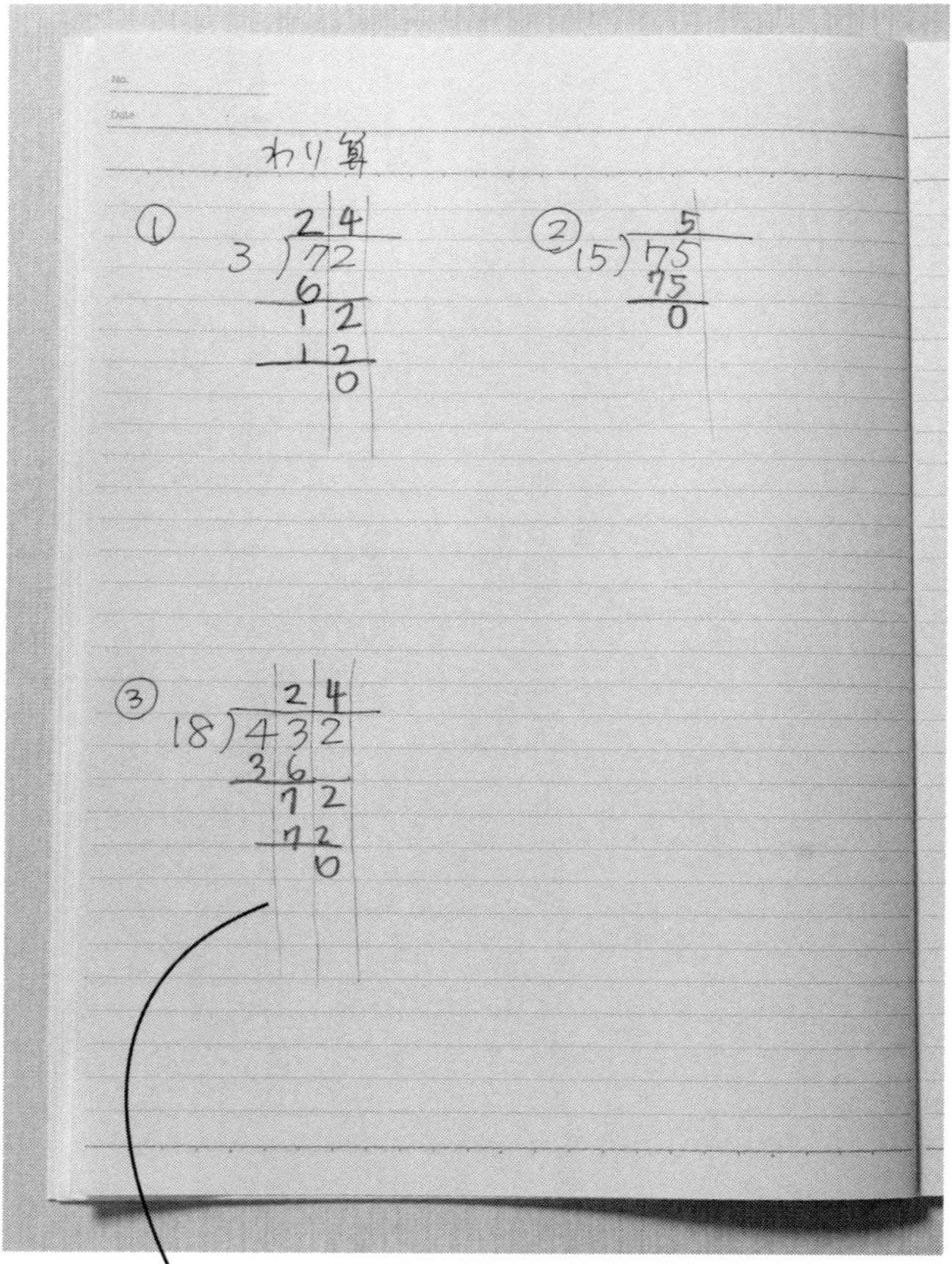

うすく、縦に数字が揃うように鉛筆で線を入れてあげると間違えない。
しばらく書いていてあげていると、線がなくても揃えて書けるようになります。

☑

小数のしくみ

3年

小数はつまずきやすい項目です。

これも①②③それぞれの問題を集めてゆっくり解いていくといいでしょう。

① 3.765 は 0.001 を何個集めた数でしょう？（小数のしくみ）

② 3ｍ 60㎝は何ｍでしょう？（小数に直す）

③ 8ｍ５㎝をｍを単位にして表しましょう（単位の換算）。

特に、③は、8.5ｍと答えてしまう子が続出する４年のつまずきポイント第１位の問題です（正解は 8.05m）。

$$1 \Rightarrow 0.1 \Rightarrow 0.01$$

$\frac{1}{10}$　　$\frac{1}{10}$

……小数点（．）が左に１つずつ移動することを確認しましょう。

これに対して、小数のたし算、ひき算は、小数点を揃えて計算することだけわかっていればできるので、子どもたちにはやりやすいでしょう。

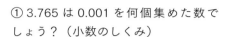

四則混合計算は、先に計算する部分を鉛筆で丸く囲む

4年

四則混合の計算、（　）がある計算はルールを確認します。

＊ふつうは左から順に計算
＊（　）があれば（　）内が先
＊かけ算やわり算はたし算、ひき算より先に計算する

これに従って計算します。

私は、「わかりにくい場合は、先に計算する部分を鉛筆で薄く丸で囲んでね」と言っていました。たとえば、上のように丸でていねいに囲みます。

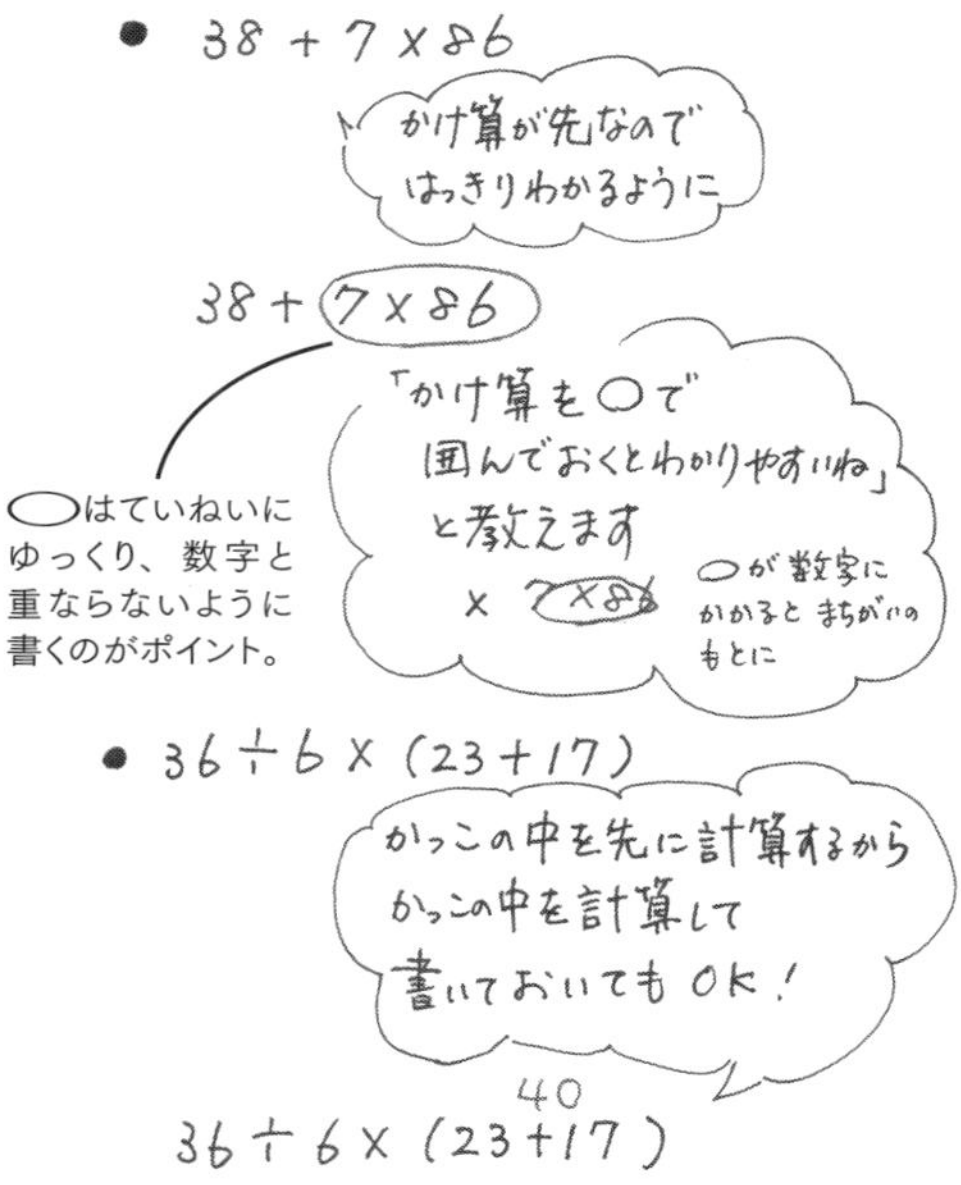

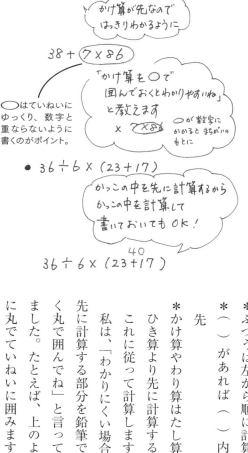

38 + 7 × 86
かけ算が先なので
はっきりわかるように
38 + 7 × 86
「かけ算を○で
囲んでおくとわかりやすいね」
と教えます
○はていねいにゆっくり、数字と重ならないように書くのがポイント。
○が数字にかかるとまちがいのもとに
36 ÷ 6 × (23 + 17)
かっこの中を先に計算するから
かっこの中を計算して
書いておいてもOK！
40
36 ÷ 6 × (23 + 17)

計算問題は〝間違えない覚悟〟が大事

中学受験 4年

4年ぐらいから四則混合計算が登場するなどで計算問題が複雑になってきます。計算問題は絶対に落とさないようにしましょう。

複雑な計算問題は、1つ1つの計算を間違いなく積み上げていくことがたいせつです。そのためには「絶対に間違えないぞ」という覚悟が大事です。

そしてその覚悟を支えるのは、やはり計算力です。計算問題で間違いが多い場合は、学年を戻って簡単な計算から勉強し直すといいでしょう。

面積の単位換算は公式を暗記しない

4年

4年の新しい項目は面積です。面積は、縦×横で表すことができますが、新しい単位換算も登場してややこしいことこの上ありません。

この公式を覚えるには0が多すぎて無理なので、次ページのように計算して単位換

$1\,m^2$ ……一辺が $1\,m$ $(100\,cm)$

$$1\,m^2 = 1\,m \times 1\,m$$
$$= 100\,cm \times 100\,cm$$
$$= 10000\,cm^2$$

だから $1\,m^2 = 10000\,cm^2$

$1\,km^2$ ……一辺が $1\,km$ $(1000\,m)$

$$1\,km^2 = 1\,km \times 1\,km$$
$$= 1000\,m \times 1000\,m$$
$$= 1000000\,m^2$$

だから $1\,km^2 = 1000000\,m^2$

1a《アール》 ……一辺が $10\,m$

$$1\,a = 10\,m \times 10\,m$$
$$= 100\,m^2$$

だから $1\,a = 100\,m^2$

$1\,ha$ ……一辺が $100\,m$

$$1\,ha = 100\,m \times 100\,m$$
$$= 10000\,m^2$$

だから $1\,ha = 10000\,m^2$

算するようにすると間違えません。

今までm、㎞は出てきましたがa、haは子どもたちには見慣れない単位です。いきなり出現した単位にとまどうかもしれません。

そんなときは、「畑や牧場の広さを表すときによく使うんだよ」とひとこと言ってあげると理解しやすくなるでしょう。

小数のかけ算、わり算 4・5年

小数の計算には次のような種類があります。

①小数と小数のたし算・ひき算（3年）……小数点を揃えて計算する
②小数と整数のかけ算・わり算（4年）……計算して小数点をつける
③小数と小数のかけ算・わり算（5年）……計算して小数点をつける

これも理屈を考えず、小数点の位置に気をつけて機械的に計算したらいいと思います。慣れればそう難度は高くありません。

①わり算で余りが出たときの小数点の位置に気をつける

②答えが21・0など.0になったときは.0をはずす

などの注意が必要です。

最小公倍数と最大公約数 5年

最小公倍数と最大公約数は5年生がつまずきやすい項目です。

まず、倍数と約数の考え方を理解します。その上で、複数の数字の最小公倍数と最大公約数について考えます。

最小公倍数と最大公約数のイメージがつかみにくい場合は、数の倍数と約数をすべて書き出せばいいでしょう。

◆倍数

6の倍数・・・6、12、18、24、30、36、42、48……

◆約数

24の約数・・・1、2、3、4、6、8、12、24

倍数と約数を探すためには九九が必要です。おろそかになっていたら2年に戻ってやり直します。

最小公倍数と最大公約数は、「連除法」で求めることができます。

数字を並べて、一番小さい素数で割っていき、左に並んだ数字をかけた数が最大公約数で、さらに下の数字をかけた数が最小公倍数です。

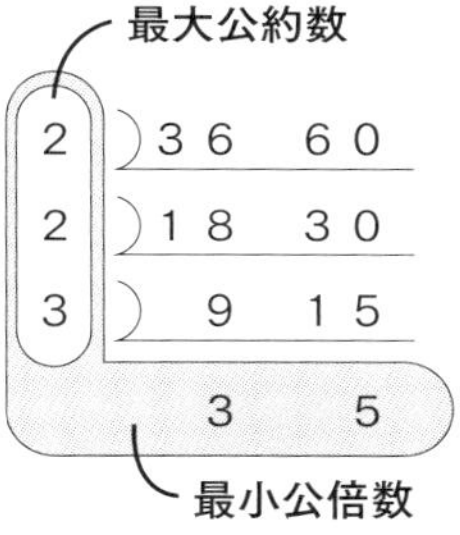

最大公約数は
2×2×3＝12
最小公倍数は
2×2×3×3×5
＝180

素数は暗記する

中学受験 5年

素数とは、1と自分自身以外に約数を持たない数のことです。1は素数とは言いません。素数は最大公約数、最小公倍数を求めるとき、また分数の約分や通分に必要なので、覚えておくといいでしょう。

◆素数

2、3、5、7が1けたの素数です。

◆中学受験で必要な素数

中学受験では右に加え、次の素数を暗記しておくとけた数の多い計算が出題されたときにとまどいません。

11
13
17
19
23
29
31
37
41
43
47

53
59
61
67
71
73
79
83
89
97
101

体積は、3回かけると教える

5年

体積を求める問題は比較的理解しやすいようですが、やはり、単位換算がつまずきポイントです。

これも面積のときと同じく、公式は0の数が多くて覚えられません。

1㎥は一辺が1mの立方体なので、

1m×1m×1m＝1㎥

100㎝×100㎝×100㎝＝1000000㎤と計

1㎥＝1000000㎤

1L＝1000㎤

1ml＝1㎤

例：1㎥は何Lですか。

〈解き方〉

① $1m^3 = 1000000cm^3$ と書く。

② $1000000cm^3$ をLに換算する。

$1L = 1000cm^3$ なので

0を3つ消す。

1000~~000~~

1000L と答えが出る。

算します。

「1㎥は1mを縦、横、高さと3回かけるから3がつくんだよ」

と教えると面積＝㎡との違いが理解できます。

上のような立方メートルをリットルに換算する問題も出ます。

分数の計算は線を長く書き、＝ごとに縦に並べる

5・6年

分数は3年で、

○真分数……分子が分母より小さい分数

○仮分数……分子が分母より大きい分数

○帯分数……整数と分数の和を表した分数

の違いを学び、仮分数を帯分数に直す（または逆）問題、大きい順または小さい順に並べる問題があります。仮分数 ⇕ 帯分数で間違えるなら1けたのたし算、ひき算ができていないので、1年に戻って復習しましょう。

分数の計算は、

①分母が同じ分数のたし算・ひき算（4年）……分母をそのままに計算する

②分母が違う分数のたし算・ひき算（5年）……通分して計算する

③分数と整数のかけ算・わり算（5年）……整数を分母が1の分数と考えて計算

④分数と分数のかけ算（6年）……分母どうし、分子どうしをかける
⑤分数と分数のわり算（6年）……わる分数の逆数（分母と分子を反対にした数）をかける

があります。どれもつまずきやすい計算といわれていますが、やり方さえ理解すれば案外子どもたちはスムーズに解いていきます。

帯分数は仮分数にしてから計算するのが注意点です。

ここでも、分数同士のわり算はなぜ、分母と分子を逆にしてかけるのか子どもたちには不思議ですが、これはプロの数学教師でも解説するのがたいへんといわれていますす。それでここも素直に「そういうもの」と割り切って覚えるのが効率的だと思います。

これまでの計算と同じように、

①ノートをゆったり使う
②分数は分母に1行、分子に1行と、2行使って書く

この計算を書かなくてもできるように練習しましょう

$$\frac{13}{5}\times\frac{2}{3}\div 1.6=\frac{13\times 2}{5\times 3}\div\frac{16}{10}$$

$$=\frac{13\times 2\times 10}{5\times 3\times 16}$$

$$=\frac{13}{12}$$

③線はフリーハンドで引くようにすれば間違いは防げます。

その上で、分数の計算は、

④線はなるべく長く書く

⑤＝ごとに行を変え、縦に揃えて書く

ようにしましょう。

④は線が短いと、数字を小さく書くことになり、ごちゃごちゃして見間違いミスに結びつくからです。

また、＝ごとに行を変えると、上の計算を見ながら進めていくことができるので間違いを防げます。人間の目は横に動かすよりも、縦に動かしたほうが物事をとらえやすくできています。計算を見直すときも、縦のほうが見直しやすいので最初から縦に式を並べたほうがいいのです。縦に並べる計算は中学校や高校で、数式を書くときも利用できます。

✓ 約分のスラッシュ（／）はミスの源

5年

$\frac{2}{4}$を約分するとき、お子さんたちはどのように書いていますか？

$\not{4}$ はミスの源になるので、必ず $\bcancel{4}$ と書くようにしてください。

なぜなら、／は数字と紛れることがあるからです。

$\not{4}$ と書いて次に見たとき、4と／が紛れ、約分をしていないと勘違いして、再度約分してしまうことになりかねません。

他に／と紛れやすい数字は、

1、2、6、7、9

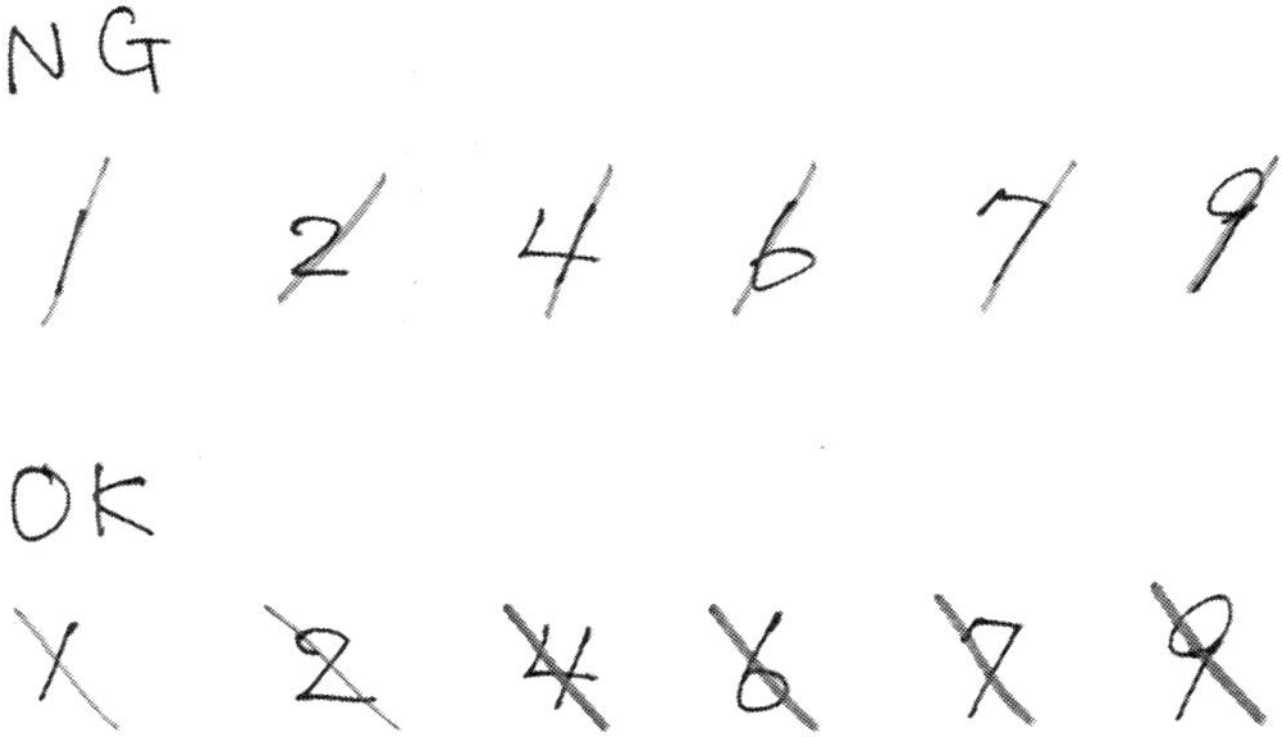

などが挙げられます。
上のように／と数字が紛れてしまうのです。
これを防ぐためには、╲と入れると、数字と紛れることはありません。
1、2、3、4、5、6、7、8、9
小さなことかもしれませんが、小さなことで点数を失うのはもったいないことです。

百分率、歩合、小数の換算は2つずつ組ませて後で合体

5年

割合は、百分率（%）と歩合（割、分、厘）と小数を換算させる問題が間違えやすいポイントです。

百分率は100を1とし、歩合は10を1とするのでややこしいのです。

百分率と歩合、小数が表になっていて空欄を埋める問題が出ますが、これを習得するにはコツがあります。

3ついっぺんに問題を解かず、2つずつ組み合わせて慣れるのです。「ハードルは低いほうが跳びやすい理論」です。

歩合、小数、百分率の換算練習のやり方

①

歩合	小数	百分率
3割	0.3	30%
5分	0.05	5%

②

③

①小数を歩合にする練習をします。
例：0.4 ⇒ 4割　0.17 ⇒ 1割7分
0.506 ⇒ 5割6厘
②歩合を小数にする練習をします。①と逆なので理解しやすいですよね。
③小数を百分率にする練習をします。
例：0.4 ⇒ 40%　0.17 ⇒ 17%
0.506 ⇒ 50.6%
④百分率を小数にする練習をします。
⑤歩合を百分率にする練習をします。
例：4割 ⇒ 40%　1割7分 ⇒ 17%
5割6厘 ⇒ 50.6%
⑥百分率を歩合にする練習をします。
⑦最後に①～⑥を自由に換算できるように練習します。

ここで最初に基本にするのは、小数です。
小数 ⇒ 歩合、小数 ⇒ 百分率というように小数に直すことで感覚がつかめます。
小数が、この中では一番なじんでいますから。

比例・反比例はしくみを覚えて解く

6年

6年で比例・反比例が出ます。

①比を簡単にする……

4：6 ⇒ 2：3

②比例式で内項と外項の積は等しい……

4：6＝2：3

（4×3＝6×2）

③比例配分……

100を4：1に分けたときの4の数量は、

100÷（4＋1）＝20

20×4＝80

右のしくみを覚えておきます。どれも、約分、線分図などこれまで学習してきたことが習得できていれば比較的簡単に理解できます。

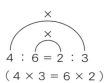

文章題は読み聞かせから始める　1年～

計算問題はできるのに、文章題が苦手というお母さんの悩みを聞かない日はありません。文章題は1年生から簡単なものが出題され、3年生になると、かなりややこしい問題が出ます。

文章題がわからない原因は、算数力ではなく国語力が不足していることです。3年生でだいたい算数の文章題3行ぐらいを黙読できる力が育っていればいいと思います。

しかし、そうはいっても、低学年では黙読して理解するのは難しいので、お母さんが読み聞かせ（音読）をしてあげるといいですね。

黙読は、◎文を読むこと◎意味を理解することの2つを同時にしないといけませんが、お母さんが読むのなら子どもは、意味を理解することに専念できるからです。

「6は3の何倍ですか」。お母さんが読むときの息継ぎは？

3年

特に子どもはわり算の文章題が苦手です。

お母さんが問題文を読んであげるときにコツがあります。

たとえば、「6は3の何倍ですか」という問題があったとします。

お母さんは、答えを出させようとするあまり、つい、「何倍ですか」に力を入れるため、「6は3の、《息継ぎ》何倍ですか」と「何倍」の前で息継ぎをします。

しかし、6と3の関係性を考えれば答えが出てくるので、

「6は、《ここで止めて、息継ぎ》3の何倍ですか」

と3の前で息継ぎするとわかりやすいのです。

子どもは「6は」で6をイメージし、「3の何倍?」で3をもとの数として6と3の関係を考えられます。

細かい部分で理解が進んだり迷路に入ったりするのが文章題です。

苦手な項目が出たら「お母さんも嫌いだった」と言う 3年

3年生で「余りのあるわり算」の文章題が出ます。

ある人数がいてバスに乗れるのか、椅子に座れるのか、チョコレートは足りるのかなど子どもにとって複雑な話が出てきて、苦手な子が多い項目です。発展形が特殊算の「過不足算」で中学受験でも難問です。実は私も小学生のときに、余りのあるわり算は嫌いでした。

子どもが苦手な問題が出たときは、

「お母さんもこれ、嫌いだったわ〜」

と一言言ってあげると、子どもはほっとします。案外、「ならやってみようかな」と思ったりするものです。

お母さんが何でもできるスーパーウーマンでは子どもは萎縮するばかり。

「これ、嫌いだった」は小学校や塾の先生が言えない、お母さんならではの言葉です。

文章題は算数の集大成

中学受験 4年〜

文章題は算数の集大成といわれ、これまで勉強してきたことを全部利用して解くことになります。

最近では小学校の教科書でも x を使うことがあるようですが、基本は x、y を使わず解くため、中学校高校で勉強する数学よりも難しいといわれています。

わが家の子どもたちも、

「中高の数学はパターンを理解すれば解けるけれど、算数は考えたり一種のひらめきが必要だったりするので数学よりも難しい」

と言っていました。

しかし、考えついたりひらめいたりさせる手段はあります。

それは、問題を絵や線で表して〝見える化〟することです。

線分図や絵で問題を映像化することを教える

中学受験

4年～

文章題では、文章の内容を目で見える形にすることが正解を導き出すポイントです。

線分図を書いたり、絵にすれば式を立てることができます。

難しそうですが、文章に書かれていることをそのまま図にすればいいので慣れればラクです。

たとえば、次のような問題があったとします。いわゆる「和差算」と呼ばれる文章題の例です。

A、Bの2つの数があります。その和は63で差は17です。A、Bそれぞれの数を求めなさい。ただし、AはBより大きい数とします。

〈線分図の書き方と解き方〉

① A.B 2つの数で Aが大きいので下のように書く。

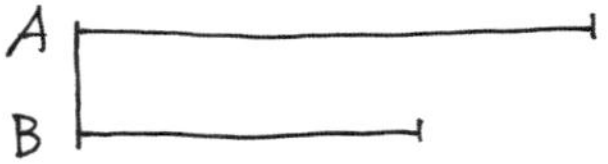

② 和が63なので記入する。

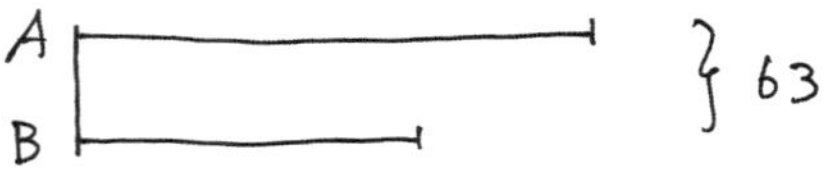

③ 差が17なので記入する。

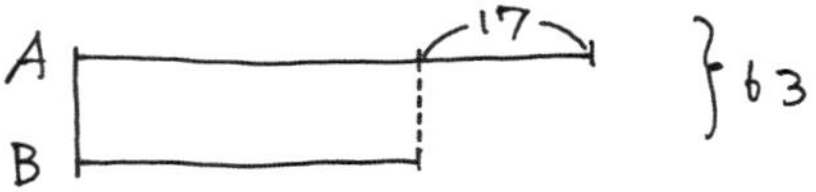

④ 図を見ると63から17を引いて2で割るとBの数が出るとわかる。

$(63-17)\div 2=23$ …B

$23+17=40$ …A

答え A＝40
B＝23

公式は覚えなくていい

中学受験 4年〜

参考書を見ると、文章題の公式が掲載されていることがあります。
たとえば和差算だと、次のような公式があります。

（和＋差）÷2＝大
大－差＝小

（和－差）÷2＝小
小＋差＝大

しかし、何が差で何が大きな数かあてはめようとしてもかえって混乱するので、覚えなくてかまいません。
特殊算は種類が20以上もあるのでいちいち覚えていたらたいへんですし、問題を解く上であまり役に立たないからです。

それよりも、文章に従って線分図を書いたほうが一目瞭然になり、式を立てることができ、すみやかに答えに到達できます。

文章題と読解力は無関係

中学受験 4年～

「文章題ができないのは読解力がないため」と思う保護者もいらっしゃるようです。

たしかに小学校低学年では、子どもたちはまだ小さく、問題文を読んでも意味がわかりません。

しかし、高学年では国語力が育っているので、読解力がないから文章題が苦手というのは言い訳にすぎないと思います。

文章題の問題文は国語の長文読解とは違うので、読解力の有無を問題にする長さではありません。

できる子ほど、ていねいに図を書く

中学受験 4年～

みなさんは〝算数ができる子〟と聞いてどんなイメージを抱きますか？

よく、

「○○君はすごいのよ。だって、問題を見ただけでさっと答えがわかるんだから」

「◎◎君は文章題を1回読んだだけで、ひらめいて答えを出すらしい」

という、神童のような話が伝わっていることがあります。

わが家の子どもたちも算数が好きで得意なほうだったと思いますが、問題を見たとたんに答えが出るというような天才ではなく、むしろコツコツとていねいに線分図を書いて答えを出していました。

たとえば、文章題を線分図を使って1回解いて、もう一度同じ問題を解くときも、やはり1回目と同じように線分図を書いてから式を立てていました。

成績が伸びる子ほど、ていねいに線分図を書きます。それは、図を間違えたら正解にたどり着けず、ミスを誘発することが身に染みているからだと思います。

反対に言えば、成績の上がらない子ほど書いた線分図を見るといい加減ですよ。

column
▼ゲーム

6年になるとますます習う内容が難しくなります。教科書に出てくる問題を演習するだけでは習熟できないので、教科書に準拠した問題集や計算ドリルで補充してあげてください。最初はできなくても繰り返して解くうちにできるようになるものです。小学校の算数に才能は関係ありません。慣れが大事です。1日少しの時間の積み重ねが大きな力になると思います。

そのためには……。ゲームをしている時間はもったいないということです。ゲームが世界に誇れる現代日本のクールな文化であることはじゅうぶんわかっていますが……。

しかし、小学生が何時間もゲームに時間を費やすのはどうでしょう？
各家庭でよく話し合ってみてください。

小数のかけ算の文章題　5年

5年生になって最初の難所は、小数のかけ算の文章題です。

子どもはかけ算というと「数が増える」イメージを持っていますが、1以下の小数をかけると、出た数が減るのでとまどいます。

例：1mの値段が160円のリボンを0・4m買うと代金はいくらでしょう？

という問題で、かけ算だということはわかっていても何と何をかけていいかわからなくなり、最初に出てきた1mに目が行ったのか1×0・4＝0・4としてしまう子もいます。

迷うようなら、3年で習ったかけ算の法則、

1つ分の大きさ×いくつ分＝全体の大きさ

を確認し、何が1つ分の大きさで、何がいくつ分なのかを確認しましょう。

しかし、最大の迷いは「1以下の小数をかける」ことでしょう。「数が少なくなりそうだけれどいいのか」と思うのです。

0・4という数字に迷う場合は、これを「整数に仮置く」のもいい方法です。たとえば適当に2と仮定して（3でも4でも整数ならOK）、

「1m160円のリボンを2m買う」

と置き換えれば、160×2とイメージできます。2を0・4に戻して、160×0・4と立式できます。

わからなくなったら、問題の0・4の上に鉛筆で小さく2と書いてもいいでしょう。

これは、小数×小数の文章題でも効果があります。

1mの値段が160円の
2
リボンを0.4m買うと
代金はいくらでしょう？

例：7.5㎡の庭に水をまきます。1㎡に3.4Ｌまくと水は全部で何Ｌ必要でしょう。

〈解き方〉

①小数を整数に仮置く。

$7.5m^2 \rightarrow 7\ m^2$

$3.4L \rightarrow 3L$

②「$7m^2$の庭に水をまきます。$1m^2$に3L まくと水は全部で何L必要でしょう。」となり、3×7となることがわかる。

③実際の数に戻して立式する。

$3.4 \times 7.5 = 25.5$

答え　25.5L

2

例：リボン0.3mは39円です。リボン1mの値段はいくらですか。

〈解き方〉

① 0.3mを 2と仮置きして、問題文の上にメモする。

② 39÷2 と仮に式が立つので、実際の数に戻して立式する。

③ 39÷0.3＝130

答え 130円

と式が立てられます。

これはわり算でも応用できます。

割合は線分図でわかるときもある

5年〜

割合の問題は、線分図を書くとわかりやすいことも多いので、一度書いてみてもいいと思います。そして比に直すと計算も間違いません。

例：遠足で6㎞歩きました。これは全体の道のりの40％です。遠足の道のりは全部で何㎞ですか？

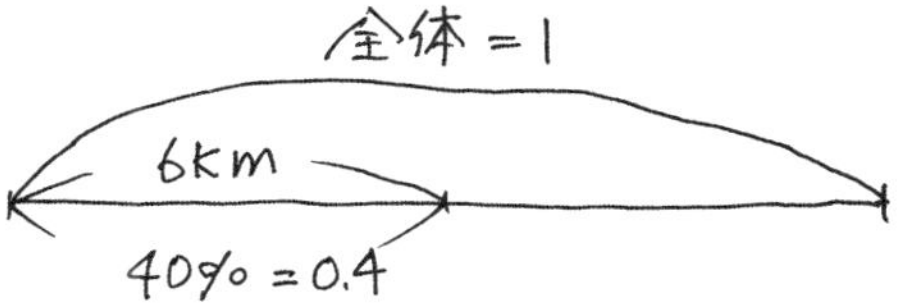

$$1 : 0.4 = \square : 6$$

（km）　（km）

$$0.4 \times \square = 1 \times 6$$

$$\square = \frac{6}{0.4}$$

$$= \frac{{}^{3}\cancel{6} \times \cancel{10}^{5}}{\cancel{4}_{2}}$$

$$= 15$$

答え　15km

column

買い物の途中で算数の問題を出さないで

算数が苦手な子どものお母さんが、さらに子どもを算数嫌いにしてしまうことがあります。

それは暮らしの中で問題を出してしまうことです。

買い物の途中で街で時計を見つけて、時計を読むのが苦手な子どもに、「今、何時？」と問題を出したり、スーパーで「2割引き」と書いた特売品を見ると、お子さんに「いくらになる？」と聞くお母さんがいます。

算数だけでなく、看板に書いてある難読漢字を読ませたりすることもあるでしょう。

実は私も長男が8＋7の計算が苦手でしたので、お風呂に入る直前に、「8＋7は」と聞いたことがあります。このように問題を出すのは子どもがすぐに答えられる易しい問題に限ります。小学生なら1けたのたし算までが限度。

時計や割合などすぐに答えられない問題を出すと、確実に算数嫌いをつくります。

お子さんと買い物に行って問題を出すなら、子どもがすらすらと答えられる易しい問題だけにしましょう。
子どもを追い詰めないように気をつけてくださいね。

図形はフリーハンドで描けるようにする　3年〜

1年〜6年の教科書を読む前は、図形はやっかいだと思っていましたが、よく見てみると、実物があり把握しやすそうなのでそれほど難しくないと感じました。小学校で学習する図形はまとめると次のようになります。

○角、円（3年）
○平行と垂直、角度、平行四辺形、台形、長方形、正方形、ひし形、直方体、立方体（4年）
○合同、四角形と三角形の面積、体積、正多角形と円、円と扇形、角柱、円柱、円すい（5年）

○円の面積、角柱と円柱の体積、対称（6年）

面積や体積、角度、半径、直径、円周や弧の長さを求めるのも基本問題は理解しやすい分野です。

面積や体積の公式を覚え、問題に慣れると理解が進みます。

展開図として出題されると複雑ですが、その場合は展開図の通りに厚めの紙を切って、実際に立体に組み立ててみるとわかりやすいと思います。

難度の高い問題を解くためには、図形をフリーハンドで描けるようにしておかなければいけません。

正方形、長方形、平行四辺形、台形、ひし形、円、立方体、直方体、円柱、円すい、角柱などです。

特殊算の解き方のコツ

中学受験 4年～

中学受験で一番難しいのは、いわゆる特殊算と呼ばれる文章題です。配点も高く、合否を左右しますので、解き方に慣れておく必要があります。

このレベルになると、プロ以外は教えることができないので、塾のやり方に従って、お母さんはサポートする姿勢でいることです。

この本では特殊算、計算、図形の勉強法をわが家の長女に聞いてみました。参考にしてください。

◈特殊算の解法のコツ

◉和と差

特殊算の中では比較的解きやすいでしょう。王道の解法があるので苦手な人は解き方を覚えてしまうといいでしょう。

＊和差算＝まず、与えられた情報を式に起こします。それらの式をたしたりひいたりすることでうまく求めたい値が出るようになっています。理解しにくければ線分図などを用いてもいいでしょう。

＊年齢算＝意外と難しい特殊算です。情報を簡単な表にしてまとめます。「年齢差は何年たっても変わらないこと」を忘れないようにするのがポイントです。

＊平均算＝求めたい数を文字に置き換え、その文字を使って合計を表します。平均とは何かがわかっていて、情報をしっかりまとめられたらできると思います。

＊つるかめ算＝表や面積図などいくつか解き方がありますが、苦手なようであれば常に同じやり方で解いて体得することが大事です。個人的には面積図で「全部かめだったら？」と考えるのが一番わかりやすいと思いますが、自分に合った方法でやるのがよいです。

◉割合

イメージがつかみにくいため、慣れるまで練習が必要です。簡単な問題でも確実に正解が出るように練習しましょう。方程式を使えれば簡単ですが小学校では方程式は使わないので、線分図を使って解くようにします。

＊分配算＝線分図を書くとわかりやすいです。一番小さな値を1や2などと置き、

他の値も簡単な整数になるように置くと解きやすいでしょう。

＊消去算＝情報をまとめて式にして、一方の未知数が消えるように何倍かしてひき算します。

＊倍数算＝これも線分図を書くとわかりやすいでしょう。倍数算といっても何パターンか種類があり、意外と難しい特殊算です。パターンごとに数多く解くといいです。

＊仕事算＝比較的解きやすい特殊算です。仕事全体を最小公倍数で仮定して、1人当たりの仕事率を整数で表すとわかりやすいです。

◉速さ

算数で一番難しいと名高い単元です。問題の種類も多く、解き方もさまざまでそのつど、どの手段を用いるか考えなければなりません。練習あるのみですが、問題によっていろいろとポイントがあるので1つずつ押さえていきます。速さの難しい問題は本当に難しいので、線分図やダイヤグラムなどを使って視覚的にわかりやすくすることがポイントです。

＊旅人算＝解法は一概には言えませんが、速さの問題ではまず状況を整理することが肝要です。線分図かダイヤグラムを用いてできるだけわかりやすくまとめましょう。

＊通過算＝電車に大きさがあることがポイントなので、しっかり絵を描きましょう。あとは旅人算と同じです。

＊流水算＝問題のパターンがいろいろありますが、基本的には「下り」「静水時」「上り」「流れの速さ」をそれぞれ求めるところから始めます。あとは旅人算と同じです。

＊時計算＝特殊算の中でも難易度が高い問題です。しっかり図を描いてイメージをつかみやすくしましょう。

◉規則性

植木算でも方陣算でも、パターンがそこまで多くない文章題です。解けるようになるまでそれぞれのタイプの問題を練習しましょう。

＊植木算＝さほど難しくない特殊算ですが、解答から1か2くらいズレてしまうことがあり、それでは意味がありません。確実に合わせられるように必ず図を描くようにしましょう。他以上に緻密さが求められる単元です。解き方としては方陣算も同じです。

◉計算問題の勉強法

あたり前かつ、くだらないことのように聞こえるかもしれませんが、字をていねいに書くことです。

テスト中は時間が限られているためどうしても字が乱雑になりますが、自分で書いた字を読み間違え、写し間違えたら元も子もありません。高校生になっても、読み間違え、写し間違えで点を失う人は少なくありません。スピードを落とさずに、たとえ、きれいでなくてもていねいに字を書くように練習しましょう。

あとはひたすら計算練習するのみ。よく出てくる値（20未満の2けたの二乗など）

は暗記してしまうのもいいでしょう。

◆20未満の2けたの数の二乗

11 × 11 ＝ 121
12 × 12 ＝ 144
13 × 13 ＝ 169
14 × 14 ＝ 196
15 × 15 ＝ 225
16 × 16 ＝ 256
17 × 17 ＝ 289
18 × 18 ＝ 324
19 × 19 ＝ 361

また計算ドリルでの練習だけではなく、問題を解く中で出てくる計算をおろそかにしては絶対ダメです。本番でしなくてはならないのは結局文章題の中の計算なのでしっかりやりましょう。

◉図形

ひらめきが求められる問題が多いようですが、実は王道の解法で対応できる問題のほうが多いのが図形です。

たとえば、曲線は算数では必ず円の一部なので、「曲線を見たら中心と結べ」というのは鉄則です。テスト中にこのようなアプローチをすべて行ってそれでもなおわからないというのであれば、いったんその問題は飛ばして別の問題を解き、後で戻ってくるとよいでしょう。

難問にはまってしまって時間をムダにするのはよくありません。

補助線はあまり引きすぎないことです。全体が見づらくなってしまうので必要最低限にしましょう。とはいえ、わかるまでとりあえず引いてみるのも大事なことなので、いくつも図を描いていろいろ試してみましょう。じーっとながめているのは一番の時間のムダです。とにかく手を動かすことです。

第4章

お母さんが教える小学校の勉強

国語篇

ひらがなは大きく書く

入学前～

小学校で使う国語の教科書を1年から6年まで読んでみましたが、20～30年前に比べ、内容が非常に多くなっていると思いました。

このようなボリュームだと、入学前からひらがなの読み書きができていないと困るだろうと感じました。

では、入学前にひらがなの読み書きはどのように教えたらよいでしょうか。

小さい子どもは、実は文字というものが何なのかわかっていません。

「これが『つ』よ」

と言われて、字を見ても1本の曲がった線に見えるだけです。壁に五十音表を貼ってもなかなかひらがなが覚えられないのはこのためです。

「つ」は、

「つみき」の「つ」

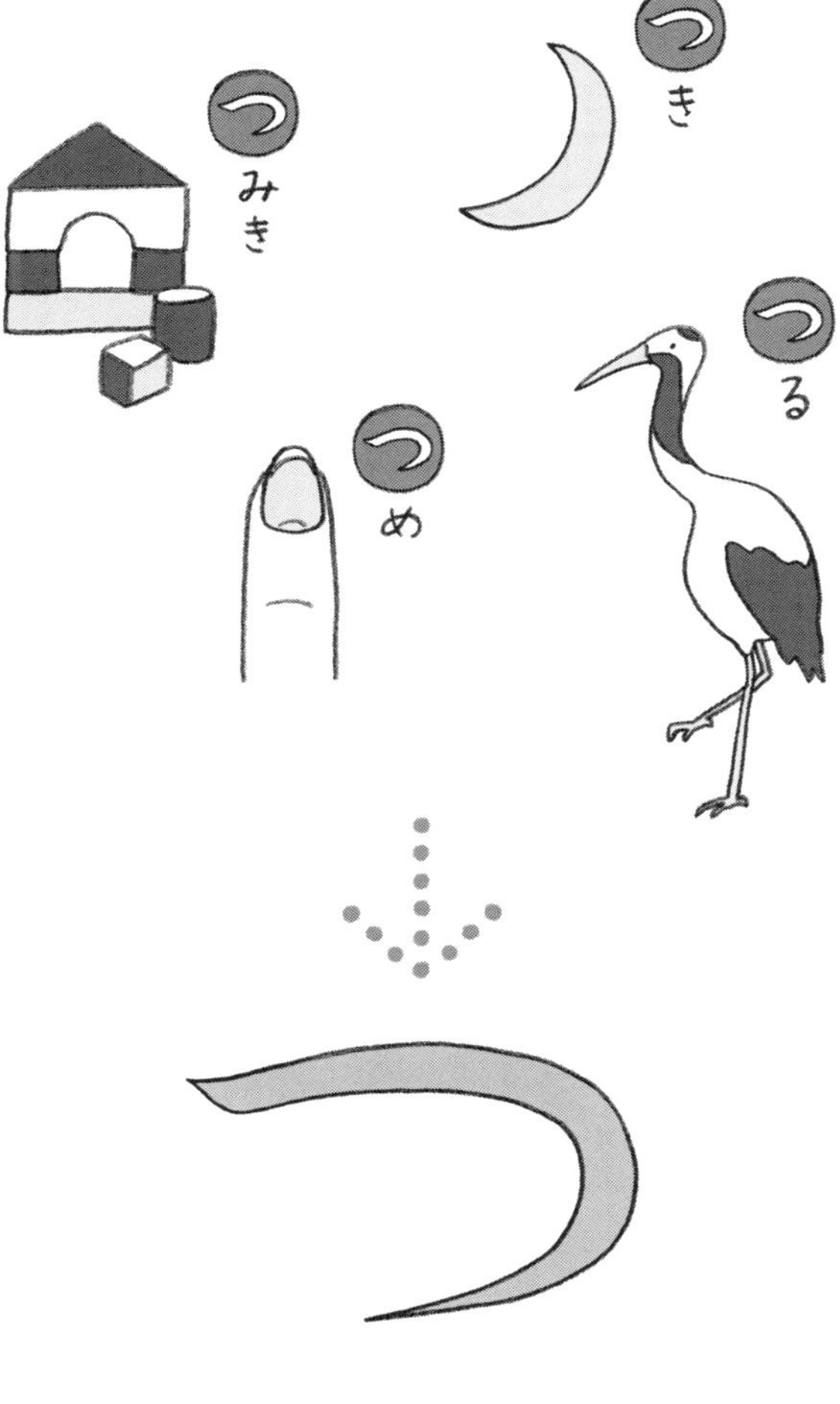
つき
つみき
つる
つめ
つ

「つる」の「つ」
「つめ」の「つ」
「つき」の「つ」

と、知っている単語の一部だとわかってはじめて、「つみき」「つる」「つめ」「つき」に共通の音「つ」が認識され、それを表す文字があり、それが「つ」という形であると認識されます。

ですから、ひらがなを教えるときは最初に、そのひらがなの用例を言ったり、絵を見せたりすると、理解しやすくなりますね。

一筆書きできるひらがなから覚える　入学前〜

ひらがなは一筆書きできる簡単な文字から覚えていきましょう。

く　し　そ　つ　て　の　ひ　へ　る　ろ　ん

です。ただ、一筆書きでも、「そ」「て」「ひ」「る」「ん」は子どもによっては形が取りにくいひらがなです。

次に2画のひらがなを覚えていきますが、これも「い」や「え」などは形が取りにくいので、ゆっくりやっていくといいと思います。

い　う　え　こ　す　ち　と　ぬ　ね　み　め　ゆ　よ　ら　り　れ　わ

このように覚えやすいものから取り組みます。

形が取りにくいひらがなは、

あ　お　か　き　せ　な　ぬ　ね　ふ　め　ゆ　や　れ　わ　を

があります。

ぬ　め　ね

は形が似ているので、特に覚えにくいでしょう。

「覚えたいものは大きく」のセオリーに従って、ひらがなは大きく書くと正確に練習できます。

市販のドリルを使うなら、字が大きく書いてあるものを選んでください。

練習するならノートに書きます。

私が探した中で一番マスが大きいのが、「ジャポニカ学習帳」（ショウワノート）の「こくご6マス」ですが、最初はもっと大きく書きたいので、2行分4マスに1つのひらがなを書くようにして、書く範囲を色鉛筆やマーカーで囲んで大きなワクをつくってあげたらいいと思います。

ひらがなを書くときは、始点を大事に

入学前～


ひらがなを教えるときは、鉛筆を持って紙に鉛筆の先をゆっくりおろして止め、そこから書き始め、最後もきちんと止めて終わる、また払うなどはしっかり書き分けてください。

いいかげんに書き始めないことを繰り返し教えてください。

何でもていねいにするのが勉強だということを伝えましょう。

◉止める

しっかり止める
鉛筆の先をおろして止めてから書き出す

◉払う

払う
鉛筆の先をおろして止めてから書き出す

カタカナは間違えやすい字をチェックする

入学前～

曲線でできているはじめて覚えるひらがなに対して、直線が多いカタカナを書くのはラクなはずですが、意外に書けない子どもがいます。それは親がひらがなを教え終わってほっとし、そこで緊張の糸が切れて、ひらがなが書けるのだから、当然カタカナも書けるだろうと思ってしまうことがあるのではないかと思います。

シとツ
ソとン
ソとリ

の違いがポイントです。

「シ」はひらがなの「し」が元になっていて、「ツ」は「つ」が元になっていると教えるとわかりやすいかもしれません。

同じく、「ソ」は「そ」が、「リ」は「り」が元になっています。

きちんと書くことを教えましょう　1年〜

ひらがなやカタカナ、漢字を練習するときは、きちんと書くことを伝えてください。

勉強とは事務処理能力のことです。

たとえば、利き手が右手で、左に教科書を置いて、右に置いているノートに問題を書き写して解く場合。左手を下にだらんと下げて、字を目で追うだけで書き写す子がいます。これでは間違えが起きやすいでしょう。

必ず左手で教科書の問題を指で押さえて移動させながら、右手で鉛筆を持ってノートに書き写せば間違えません（左利きの子は逆です）。

「文章の中から書き出しなさい」という読解問題で、書き出す場所は合っているのに、書き写す途中で間違えて減点になるのは、これができていないからです。

国語だけではありません。算数の問題を書き写す段階で間違えるのも、きちんと書く習慣ができていないのが原因で非常にもったいない減点となってしまいます。

最初にひらがなを習う前の、鉛筆でなぞり書きをする時点から、きちんとていねいに書くように伝え、書けなかったらやり直しましょう。何事もていねいにするのは、時間も労力も精神力も必要となります。子どもはめんどうだ、といいかげんに、さっとやってしまいます。それをそのままにしておくと、のちのち、問題を解くときに必要な「ていねいさ」を意識しなくなりますのでここを妥協しないでいただきたいと思います。

国語が嫌いな子はいません。字を読むのが苦手なだけです

1年～

「国語はすべての教科の基本です。〝学ぶ力の背骨〟なんです」（『奇跡の教室』〈小学館文庫〉より）

これは灘校で長年教鞭《きょうべん》をとっていらっしゃった『銀の匙』の読解で有名な橋本武先生の言葉ですが、私も全く同じように思います。

子どもたちが苦手な算数の文章題も、元を正せば問題文が理解できないことが原因であることが多いのです。

「うちの子は本当に国語が苦手で」と悩むお母さんは多いですね。

私はもともと国語が嫌いな子はいないと思っています。

なぜなら、どんな子でも絵本を読み聞かせたら喜びますし、紙芝居を見たり、アニメ、漫画を見るのは大好きだからです。

それはその中に出てくるお話がおもしろいからですよね。

お話を聞いたり見たりするのは大好きなのに、国語になると急に嫌いになるのは、文字を読むのが苦手だからではないでしょうか。

それならば、はじめは、読まないですむように、耳から言葉を入れてあげればいいのです。

文章を読んで理解し、文をつくる力はなかなか育ちません。お母さんが文章を読み聞かせているうちに、実は読む力もつくる力もついてきて、だれもが国語が好きになるのです。

教科書から読解問題の文章まで、何でも読んであげれば、言葉を耳から入れてイメージを膨らませ、理解することができます。

「まずは、読ませるよりも聞かせる」のが国語の最良のアプローチだと思います。

音読はむしろ親が読む　1・2年

小学校低学年では、「本読み」、つまり教科書の音読が宿題として出ます。

あるお母さんは、

「子どもが生まれて大きくなって小学校に入学して、教科書を読めるようになるなんて、音読を聞きながら幸せな気分になりました」

と話していました。たしかに子どもが音読しているのを聞くのは嬉しいことですね。音読すると、子どもは句読点に注意しながら読めるようになります。また、「〜は」「〜へ」を正しく読めているかがわかります（文字通りに「ｈａ」「ｈｅ」と読んでいる場合があります）。

ただ、意味も理解しながら読むことができる子ははじめは少ないのではないでしょうか。子どもは口では読んでいるけれど、字面を追っているだけで意味がわからず、とりあえず読んでいる可能性が高いのです。

私は「音読10回」などという宿題はあまり効果がないのでは、と思い（ここだけの話、そして時効だと思うので申し上げますが）、子どもがある程度読んだらハンコを押して終わりにしていました。

文を読む最終目的は、黙読して意味を理解できることですが、なかなか難しいので、子どもではなく、最初は親が音読するといいと思います。字を読み上げるだけで精一杯だった子どもでも、親が読むときは、聞くことを楽しめるので、意味を理解する余裕が生まれます。

親が読んであげて、別の日にでも子どもが自分で読めば、内容がわかっているので楽しく読むことができます。

低学年では、読解だけにこだわらずに、ひらがな、カタカナ、習った漢字を正確に使えるようにすることも忘れないでください。

column

▼プールの授業の日、体温をはからず呼び出された話

夏が近づくと学校で水泳の授業が始まります。子どもの学校では、必ず、朝、体温をはかって、所定の用紙に記入するように言われていました。

わが家は4人子どもがいて朝は特に忙しかったので、体温を1人ひとりはかっている時間がありませんでした。

それに、朝起きてきた子どものようすを見れば、体調がいいか悪いかはわかるの

で、カードに「今日は36・4度、明日は36・5度……」という感じで適当な体温を記入していました。ハンコを押す時間もなかったので、子どもには自分で押すようにハンコを持たせていました。

ある日、次男の担任の先生から電話がかかってきました。

「佐藤さん、体温はきちんとはかってください。あと、子どもにハンコを持たせて押させるのはやめてください」

と注意されました。

あれ? なぜバレちゃったのかな? と思い、子どもに聞いたらなんと先生の目の前で、カバンからハンコを出して押したとのこと……。「それは叱られちゃうよね」と子どもと大笑いしてしまいました。

私はもともとアバウトな性格で、手抜きできるところは手抜きしてしまっていました。深く反省しつつ、しかたないよね、だってできないんだもん、とどこかで思って気楽にやっておりました。

漢字は教科書に出てきた順に練習する 1年〜

ひらがなやカタカナは入学前からある程度読み書きができるといいと思いますが、ひらがなとカタカナができたら学校生活はラクに始められるので、漢字まで前もって覚える必要はありません。でも、ひらがなとカタカナを早めに覚えられたら漢字もどんどん覚えていくのはいいことです。

漢字は、教科書に出てきた漢字を順番に覚えていけば大丈夫です。そのときは、大きなマス目のノートに書いて練習してください。

漢字も最初に覚えるときが一番肝心で、筆順、トメ、ハネ、ハライまでしっかり覚えておきましょう。

漢字は筆順が大事です。最初に間違って覚えるとずっと間違えたままになり、あとで直すのはたいへんです。

大人も間違って覚えていることが多いので、参考書を見て筆順、トメ、ハネ、ハライまでチェックしてから書かせましょう。

私が利用していたのは、『下村式　となえておぼえる漢字の本』(偕成社)です。1年生用から6年生用まで6冊あります。1977年発刊の昭和のベストセラー本で、現在は同じタイトルで新学習指導要領に準拠した新版が発刊されています。

この本は、1つの漢字について、訓読み、音読み、意味、成り立ちに加えて筆順が口で唱えるように解説されているのが特徴です。イラストを使って親しみやすく、楽しく勉強できるようにつくられています。子どもにとっても使いやすいのですが私はむしろ、漢字を教える親にとって使いやすい本だと思います。

この本で思い出すのは「飛」を教えたときのこと。

「飛」は小学校の漢字の中で筆順がややこしいものの1つです。

子どもたちに、この本に書いてある通り、

「かぎまげはねて、チョンチョンつけて、たてぼうひいて、ノを2つ、またかぎまげはねてチョンチョンをかく」

と教えました。今でもこの字を書くときはこの歌が頭に浮かびます。

この本6冊は、半透明のクリアケースにまとめて入れて本棚に並べています。クリ

◉「飛」の書き順

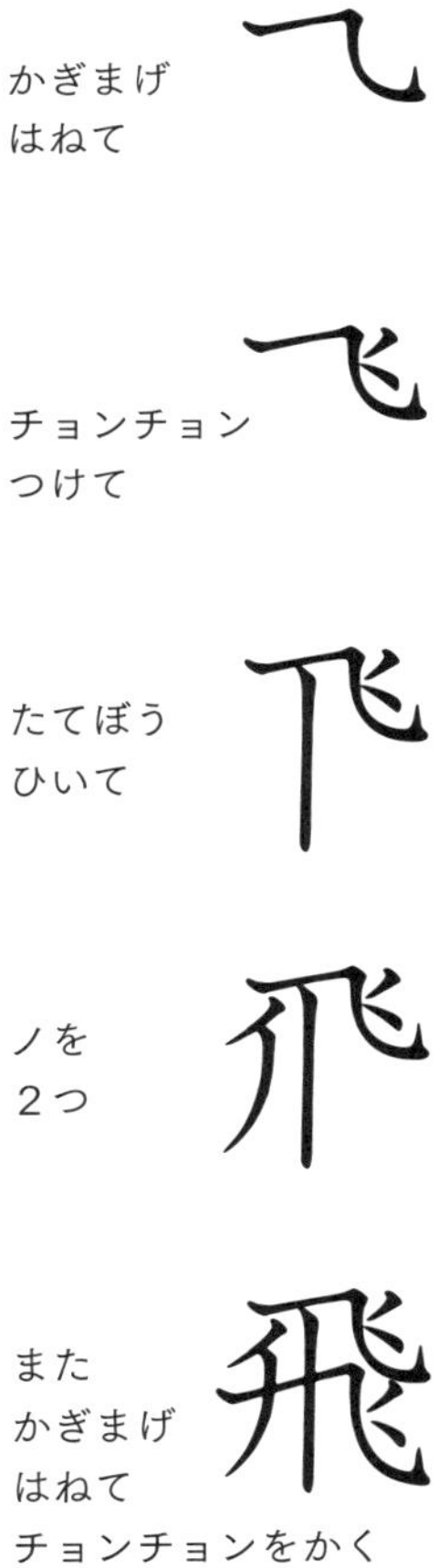
かぎまげ
はねて
チョンチョン
つけて
たてぼう
ひいて
ノを
２つ
また
かぎまげ
はねて
チョンチョンをかく

アケースに入れておかないと、バラバラになってなくなってしまいます。そのくらい、小さな本なのです。

もう1冊、よく使っていた漢字辞典があります。『小学生の新レインボー漢字読み書き辞典』（学研プラス）で、これは音読みと訓読みがはっきりわかりやすく書かれていて役立ちました（現在は第5版が発売中）。

子どもが小学校時代、新出漢字1つにつき熟語を5〜6個書くという宿題が出ました。子どもたちは1つか2つは考えられても、そうたくさんの熟語は知らないので、代わりに私が漢和辞典をひいて、小学生が考えそうな易しい熟語を見つけて手伝っていました。

学校の宿題は大事ですが、あまりにも子どもにとってたいへんと思ったら、適度に親が手助けしましょう。

column

うろ覚えになったままの漢字、ありませんか?

みなさんは、うろ覚えのままになっている漢字はありませんか?

私の場合は、「簿」「博」と「専」の字でした。

「〝博〟の〝専〟には点がいるんだったかしら、いらないんだったかしら」とときどき迷うことがあったのですが、そのときは調べるだけで、乗り切っていました。

それを解決してくれたのが、子どもが灘校の先生から教えてもらった覚え方でした。それは、「〝はひふへほ〟には点がいる」というもの。

「簿(ぼ)」や「博(はく)」ははは行なので点がついて、専(せん)には不要と聞いて長年の疑問が解けてすっきりしました。1つの漢字をうろ覚えのまま過ごしていても、その漢字を書く必要がある場面に遭遇することはあまりなく生活に支障はありません。しかし、なんとなく忘れ物をしてきたようで違和感があるものです。

私がうろ覚えのままだった理由は何でしょうか。

それは最初に習ったときに、いい加減に覚えていたのが原因だと思います。

灘校の先生から教わるまで、いい加減なまま、これまでのテスト、受験をくぐり抜けてきたというわけです。

子どもが漢字をいくつかうろ覚えにしていたら、ここ一番！　という1点差を争う入試の場面で合否を分けることもありえます。それを防ぐためにも最初にしっかり覚えることがたいせつです。

間違えた漢字は10個書く。忘れたらまた覚えればいい　1年〜

テストで間違えた漢字は、ノートに書き出して10個書けば覚えられます。

「ジャポニカ学習帳」の6マスを使って大きくゆっくりとていねいに書かせてくださ

出たらだめだと教える。

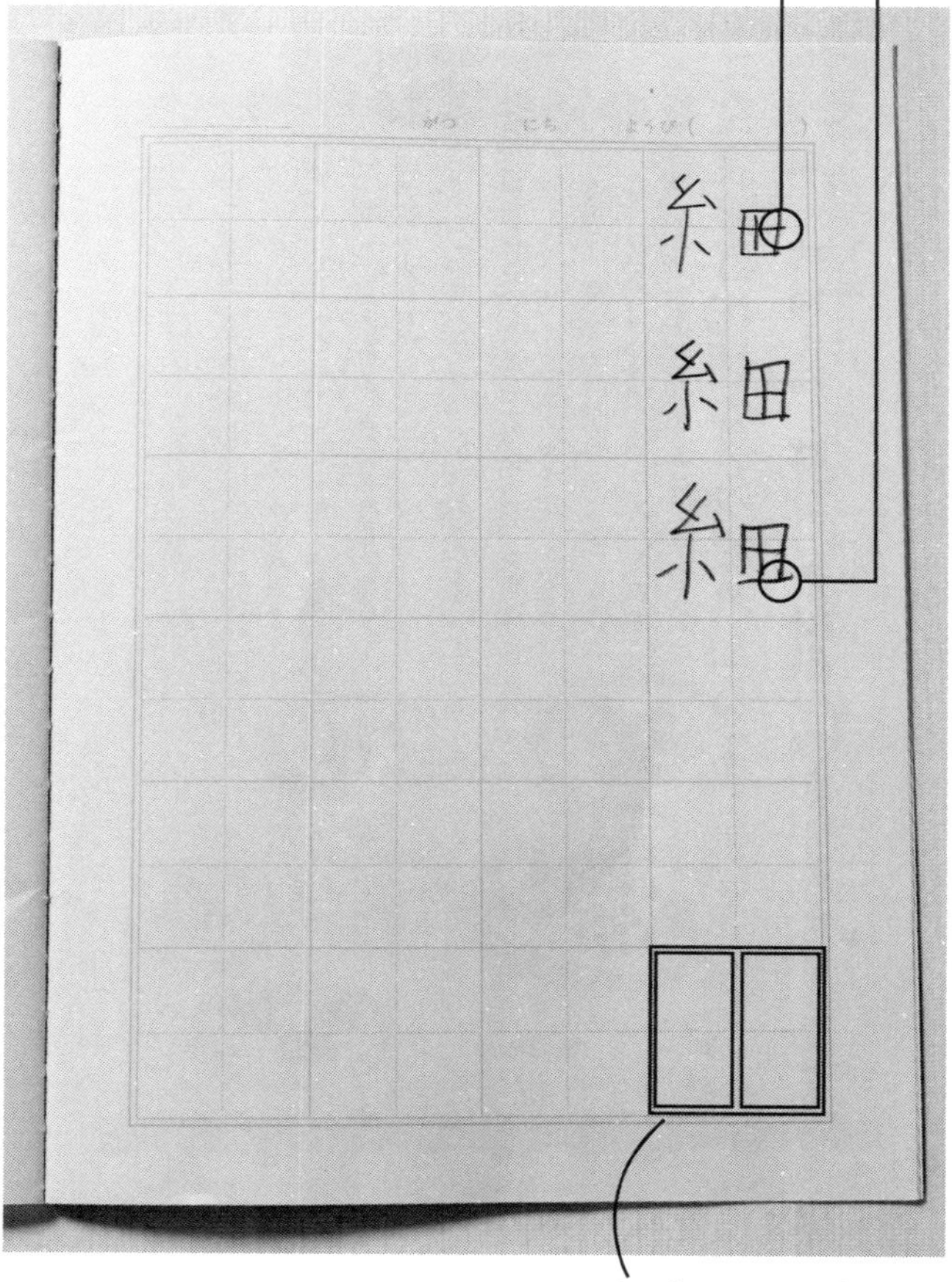

左は「へん」、右は「つくり」、
きちんと分けて書かせる。

い。

「漢字をすぐ忘れてしまう」と嘆くお母さんもおられますが、子どもは忘れるもの。忘れたらまた書いて覚えればいいので、大丈夫。

子どもは、日々成長しているので、昨日何度やってもできなかったことでも、2日後には何の苦労もなく突然できたりします。

漢字を習得するのはたいへんなようですが、小学校で習う漢字はたったの1006字。一から十の漢数字10個と「川」や「山」「上」「下」などの易しい字も入れての1006字なので意外にラクなのです。そして、間違えやすい漢字は決まっているので、ポイントさえおさえれば頭が柔らかな子どもにはそう負担ではありません。

「読書」をしても国語の成績は上がりません　1年〜

「国語ができるようにするにはどうしたらいいですか」

というご質問をよくいただきます。

国語の成績のいい子は、本が好きなことが多いですね。

だからといって、国語の点数を上げるためには読書をすればいい……というのは違うと思います。

国語が苦手な子は文を速く読んで、内容を理解するのが不得意なので、そこから得意になるまでには膨大な量の読書が必要となります。もともと国語が苦手な子に本をすすめても、さらに国語が嫌いになってしまって逆効果です。

また、文章を読むのが嫌いな子に読書をすすめると、適当に読み飛ばす癖がついて、細かい部分まで読みこなさないといけない長文読解が苦痛になり全く点数がとれないということになります。

ようするに読書と読解力は別なのです。

column

読書は人生の答えを探すためにするもの

「子どもたちそれぞれに1万冊の絵本を読む」というのが私の幼児教育でした。

「さぞ、子どもたちは読書家になっているのでしょう」と推測されるかもしれませんが、わが家の子どもたちは4人とも、本をなかなか読みません！

大学に進学したころから、私は口を酸っぱくして本を読むようにすすめていますが、今でもミステリーを少し読むぐらいのようです。

絵本を1万冊読みましたが、それは4人の子育てで多忙な中、母と子どもで楽しく時間を過ごせたらいいという私の思いが主で、それで読書力をつけようとは思っていませんでした。

読書は何のためにするのでしょうか？　1つは余暇の楽しみ、エンターテインメントです。魅力的な主人公や、次はどうなるんだろうとストーリーの展開に胸躍らせてわくわくできます。

そして、人生で悩んだときに答えを探すためにも読書は有効です。作家が、または作品の中の人物がどのように生きたのかを知って、答えを見つけたいと願って読書をしますよね。

しかし、本から何らかの方向性を見つけることはできますが、自分の人生の悩みにぴったりと合った答えは見つからないように思います。読んだ後、本で得たことをヒントにしながら、結局、答えは自分で出すしかない、人生はオリジナルなものだと気づくのです。

そう考えると、わが家の子どもたちはまだ人生のスタート地点に立ったばかり。これまで両親の庇護《ひご》の下で生活を送っていたので、人生の意味を考える必要がなかったのかもしれません。今後、社会に出て失敗したり、叱られたりして挫折感を味わったときに、読書が意味を持ってくるのではないかと思います。

column

私の読書体験

私は小さいころから本が好きでよく読んでいました。父が購入した夏目漱石の全集を、小学校5年生のとき、『吾輩は猫である』から読み始めました。明治時代に発表された小説ですから、小学生には言葉も漢字も難しく、なかなか読み進められませんでしたが、後ろの注を見ながら約1年かかって読了しました。

読み終えた満足感とともに、漱石の人を見る目の温かさを感じ、漠然とですが教養の深さからにじみ出る感情の豊かさや文体の高い品格が理解できて、とても感動しました。その後、『草枕』なども読んでいきました。漱石の作品の中でも、共感できるものとできないものがあり、そのことに気づくのも読書の楽しみの1つです。

また、何年かたって再び読むと違った感想を抱く作品もあり、読書は人生のあらゆるところで発見があることも魅力だと思います。

国語の教科書が来たら読み聞かせて予習する　1年～

国語の教科書には低学年から長文が出てきますし、テーマも環境、戦争、高齢化問題ともりだくさんです。

いきなり授業ではじめてその長文を読んで学習に入るのはたいへんです。

4月に教科書をもらったら、1週間から10日かけてお母さんが全部読み聞かせてあげてはどうかと思います（上下巻になっている場合、下巻は下半期にもらったら読む）。

ただ読んであげるだけでじゅうぶんです。だいたいの内容が頭に残るので、授業中の子どもの負担が軽くなると思います。

新しく出る漢字や言葉の意味を調べたりはせず、ただ、絵本を読んであげるように読むだけでいいでしょう。内容だけを楽しんでください。

予習・復習について質問されますが、算数は復習が効果的。国語はただ読んでおくだけでも概要が頭に入るので予習がおすすめです。

〝挙手する子幻想〟がありませんか　1年〜

今、使用されている国語の教科書から、アピール力やコミュニケーション力を育てたいと思っていることがわかります。国際社会への対応でしょうか。大事なことですが、そこを強調しすぎるのは無理があると思います。

お母さんたちは、授業中に「ハイ！　ハイ！」と手を挙げ、積極的に発表する子を理想とする、〝挙手する子幻想〟を持っているように思います。しかし、子どもにアピール力を求めすぎると負担になるのではないでしょうか。

実は私自身もクラスで積極的に手を挙げる小学生ではありませんでした。授業参観の後、母から全然「手を挙げていなかったね」と言われて、「私が言わなくても他の子が答えるからいいのよ」と答えました。母は「それもそうね」と言って笑っていました。

わが家の４人の子も次男以外は挙手しないタイプ。わかっていても挙手しないで黙っていました。その点は私に似たのかもしれません。

ただ、次男だけは、先生が質問すると、真っ先に「ハイハイ」と手を挙げていました。手を挙げたまま、自分の席から離れてどんどんと前に進んで、先生の目の前で「ハイハイ」と言うので、先生から「佐藤君、自分の席で手を挙げてね」と注意されていました。同じように育てたのにどうしてこうも違うのかとおもしろかったですね。

挙手している子がすべて理解しているかはわからないものです。まず挙手して発表しようとする子もいますが、手を挙げない子は自分の中で考えを深めているかもしれません。手は挙げても挙げなくてもいいのです。お母さんは子どもの個性を尊重して、見守ってあげてください。

もし、個人面談で、先生に「授業中もっと積極的に」と言われたら、「はい、わかりました」と言って先生のコメントは子どもに伝えないことです。

授業参観の後、お子さんに「よく授業を聞いていたね」と言えばいいと思います。

否定しない子育て

1年〜

自分の意見を言えるようになるのがコミュニケーションの始まりです。

では、どうしたらコミュニケーション力が育つでしょう。

それは、子どもと会話する中で、決して子どもの言うことを否定しないことから始まります。

それを知ったのは子どもが通う小学校の教育からです。特に印象に残っているのが次男が3年生のときのできごとです。

そこは自由な校風の学校で、たとえば、先生の「どう思いますか」という質問に対する答えがとんでもなく的外れでも、先生は、決して否定せず、「うんうん」と聞いてくれます。

先生が否定しないで聞くので、他の児童も「違うよ」とか笑ったり茶化したりせずに聞いて、また自分の意見を発表します。授業参観で後ろで聞いている保護者たちは、「それはゼッタイ違うよね」と思っていても、先生も子どもたちも自由に意見を言い合うので、次第に慣れてきて自由に意見を言い合い聞き合う大事さを理解するようになっていきました。私は大人が子どもの意見を否定しないことのたいせつさをこの学校で学びました。

子どもはみな「〇〇さん式」 1年～

この学校では「クラス発表」をよくしていました。テーマは劇や歌など何でもよく保護者や他のクラスの子たちの前で発表するのですが、3年のあるとき、1人の男子児童が「劇をやりたい」と言い、脚本を書きました。恐竜が出てくるおもしろい話で、みんなが主人公の恐竜の役をやりたがり、じゃんけんで主役を決めることになりました。

するど、クラスの中で一番小柄できゃしゃな女の子がじゃんけんに勝ち、恐竜役に決定したのです。

一般的には、力強い恐竜をやるには迫力に欠けるキャスティングですが、「恐竜にはふさわしくない」などと言う人はだれもいないのがこの学校の校風です。

練習が始まりました。

恐竜が「ガオーッ」と出てくるシーン。

女の子の声は小さくて「はおー」という感じ。

たまたま練習を見ていた私は「大丈夫？」と思いました。

先生が、

「もう少し、大きな声で言おうか」

と指導して、彼女は大きな声を出そうとするのですが、恐竜の迫力にはほど遠い感じです。

すると先生が笑いながら、

「じゃあ、ここは○○さん式の恐竜でいこう！」とおっしゃいました。そしてその劇は最後まで、きゃしゃな女の子が演じる「はおー」と言うかわいい恐竜が主人公のお話になりました。

私はこれ以降、この先生の「○○さん式」を思い出すようにしています。

人はそれぞれ体格、性格、行動パターンが違います。考え方も違うし、成長のしかたも違います。勉強の到達ペースも違います。

子どもについて迷うことがあれば、「これは、○○式なんだ」と○○のところに子どもの名前を入れるようにしました。

ほかの子どもと比べていい悪いではない、「○○式」と思うと、すっとラクになり楽しい子育てができると思っています。

ローマ字は絵本か小1の教科書で練習する　3年

ローマ字は受験には出題されませんが、英語の導入になるので、練習しておきたい項目です。また、パソコンに入力するために必要なのでこれからを生きる子どもたちには必須項目です。

ローマ字は母音のＡＩＵＥＯと、ＫＳＴＮＨＭＹＲＷを組み合わせて表記します。母音とＧＺＤＢを組み合わせて濁音が表記され、母音とＰを組み合わせて半濁音が表記されます。また３字で表すもの（ｋｙａ　ｋｙｕ　ｋｙｏなど）を覚えます。

ローマ字の習得には短い文章をローマ字に変換する練習が一番効果的です。

小学校１年の教科書を保存していたら、その中の文章を使います。その文章をどんどんローマ字に直していくのです。

一度読んでいる文章なので、親しみやすく楽しくできます。

最初は、ローマ字表を見ながら書きます。慣れてきたら見なくても書けるようになるでしょう。表を見ながら文章を変換していったら習得できると思います。

１年の教科書をすでに処分しているなら、絵本を使ってもいいと思います。

絵本も内容がわかっているのでやりやすいでしょう。まず易しいレベルの文章をローマ字変換すると楽しく覚えられますよ。

私は英語の導入にはローマ字の習得が最適であると思っていました。しかし、私が英語教師だったころまで、「小学校でローマ字を学習すると、英語のスペルや発音の習得に支障が出るのでやめるべき」という論議が交わされていました。しかし、その意見もローマ字の習得はパソコンの入力に役立つとわかって以来、消えてしまいました。

古典は暗唱するに限ります　3年〜

3年ぐらいから、俳句や短歌を通して古典を勉強します。

古池や蛙飛び込む水の音　松尾芭蕉

春の海ひねもすのたりのたりかな　与謝蕪村

などの有名な俳句や「いろは歌」などから始まり、『竹取物語』『枕草子』『おくのほそ道』など代表的な古典作品の有名な文章を学びます。

小学生のうちは、文法や文学史はあとにすることにして、文章を暗唱するのがいいと思います。

たとえば、

春はあけぼの。やうやう白くなりゆく

山ぎは少しあかりて紫だちたる雲の細くたなびきたる。（枕草子）

祇園精舎の鐘の声、諸行無常の響きあり。

沙羅双樹の花の色、盛者必衰の理をあらはす。（平家物語）

などは、リズムもよく覚えやすいのでとりあえず暗記してください。これも頭が柔らかいうちに覚えてしまうのがラク。

有名なフレーズを知っておくのは常識ですし、体感しておくと中学・高校で古文を勉強するときにスムーズです。

私が読んだ4年生の教科書（『国語四・下』光村図書）には巻末に「百人一首」が掲載されていました。余裕があればこれも暗記しておけば、古文のリズムが体感でき、古典文法を習うときにもすんなり入ってくるでしょう。

長男が中1のとき、中間テストで百人一首が範囲に入りました。ふつうの国語の範囲に加えての百人一首だったので、私は、「まあ5問10点分ぐらい出題されるのかな」と思っていたのですが、なんと百首すべて出題されました。上の句が書いてあって下の句を書く問題や、語句の穴埋めなどガッツリ100問100点分が出たのでびっくりしました（他の問題もあるので200点以上の問題が出たことになります。問題を作成するのも採点するのも先生はたいへんだったと思います）。

長男はそこで百人一首をまじめに覚えたので後の古文の勉強がラクだったと言っています。長男はセンター試験の国語は満点の200点でしたが、中学時代に百人一首を覚えたことも役に立ったのではないでしょうか。

百人一首は文章を読んで暗唱しながら覚える方法が普通ですが、カルタで覚えてもいいと思います。家族みんなで暗記したりカルタをやったりすると、楽しんで覚えられますね。

スマホアプリを利用する方法もあるようです。

文章が理解できないのは体験の少なさが原因

1年〜

小学生は、人生経験が少ないため、小説のテーマを読み解くことがなかなかできません。それなのに中学受験の国語の文章題には、環境問題や戦争、友情や恋愛や親子の問題などさまざまなテーマの長文が出されます。だからなかなか難しいのです。

中学受験の勉強中、問題集に『野菊の墓』が登場しました。

『野菊の墓』は伊藤左千夫が明治39年に発表した小説で、旧家の息子である15歳の政夫という男の子と、そこへ手伝いに来た親戚の17歳の民子という女の子のほのかな恋愛を描いています。

まだ学生だということと、女性が2歳年上ということで2人は周囲の大人たちによって引き裂かれ、民子は意に染まない結婚をし、最後には病を得て、政夫からの手紙を抱きながら亡くなってしまいます。時代と大人の常識によって別れなくてはならなかった悲恋を描いていて、昔はよく出題されていたのです。

わが家の子どもたちはこの小説が理解できず、

「なんで結婚しなかったの？」

と私に質問していました。

たしかにこれは私たち大人にとっても時代を感じさせる小説です。

「そういう時代だったのよ」

と説明してもよくわからないようでした。たしかに、現代を生きる彼らにとって理解できないことばかりだと思います。

国語の長文読解が精神年齢の高い児童が有利というのはこのためです。この時期は同じ年齢でもどちらかというと女子が精神年齢が高い傾向にあります。そのため国語は女子のほうが得意だといわれていますが、とにかく子どもなので、お母さんがいろいろな話をしてあげて、精神年齢を高めてあげてください。

いっしょにリアルを体験する　1年～

『野菊の墓』で言えば、まずわが家の子どもたちは野菊を知りませんでした。そこで私は小菊を買ってきて子どもたちに見せ、庭に植えました。『野菊の墓』は亡くなったヒロイン・民子の墓の周りに、2人の思い出の花の野菊が一面に咲く場面で終わります。若い2人の悲恋を象徴するのが野菊なので、見せたらこの小説のテーマもイメージできるのではないかと思ったからです。

教科書や問題集に出てくるものは、できる範囲で実物を見せるようにしました。

小学校3年生で教科書に『モチモチの木』（斎藤隆介・著）が登場しました。

おじいさんと住む豆太という5歳の男の子の話ですが、家のそばに大きなモチモチの木（とちの木）があり、落ちた実を粉にしてこねてふかしてお餅にして食べるととてもおいしいと書いてあります。

そこで私は、ちょうどデパートの催事場で見つけたとち餅を買ってきて子どもたちと食べました。素朴な味ですがモチモチしておいしい！

「おいしいね。ほんとにモチモチしているね」

と言いながら子どもたちといっしょに食べると、豆太の暮らしぶりの一端がわかりました。いわば、肌で感じる「モチモチの木」ですね。

子どもたちが勉強しているテキストを私もいっしょになって勉強するのは楽しかったですね。

灘校の橋本武先生から学んだこと 1年～

作品に登場するものを実際に生徒に見せて進める授業では、灘校の橋本武先生が有名です。橋本先生の授業のやり方を本で知り、私は間違っていなかったと思ったものです。

橋本武先生（1912〜2013年）は、東京高等師範学校（現・筑波大学）を卒業後、1934年、旧制灘中学に国語教師として赴任されました。当時、まだ灘校は進学校として有名ではなかったそうです。1971年からは教頭を務められ1984年に退職された後も予備校やカルチャーセンターで講義をなさっていました。

戦後、新制中学になったときから、教科書を教えるのではなく、『銀の匙』（中勘助・著）を3年かけてじっくり読む授業を始められました。1冊のテキスト、それも長編ではない作品を3年かけて読む授業は生徒の心に残り、後に注目されるようになります。

どのような授業かというと、たとえば、作中に、明治時代の東京下町に住む主人公が近所の駄菓子屋で飴《あめ》を買ったという描写があれば、実際に駄菓子の飴を生徒に配って、食べながら主人公の体験を追体験して感想文を書いたり、主人公が凧揚《たこあ》げをする場面があれば、実際にクラス全員が凧をつくって揚げるというもの。

橋本先生の授業は、横道にそれるだけそれていきますが、3年間の国語の授業は心に残り、多くの卒業生にとって、生きる原動力になったといわれています。

わが家の子どもたちは時代が違いますので、残念ながら橋本先生の授業は受けていませんが、晩年、文化祭になると校門の横の椅子に座って、生徒たちのようすを見ていらっしゃる姿を拝見していました。

生徒たちが、「あ、橋本先生だ」と駆け寄って挨拶すると、にこにこしてうなずかれていました。

橋本先生の授業の方法は、たくさんの本で知ることができます。受験も大切ですが、ほんとうの国語教育のあり方がわかりますので、ご一読をおすすめします。

参考：『奇跡の教室　伝説の灘校国語教師・橋本武の流儀』（伊藤氏貴・著／小学館）
『橋本武案内　銀の匙』（中勘助・著／小学館文庫）

国語は人生経験がものを言う科目です

4年～

読解問題はテキストを読んですぐに解けるものではありません。日常生活で経験を積んでいないとなかなか理解できない問題が出されます。たとえば、次のような読解問題を読んだことがあります。

「法事の席に、亡くなったお父さんと生前、折り合いの悪かったおじさんが急に現れて、親戚一同がびっくりする。いろいろなやりとりがあった後、おじさんは焼香だけして帰っていく……」

人と人との葛藤や家族問題を扱っていて、大人なら理解できますが小学生には難しいと思いました。

このような場合、私は読み聞かせが終わったときに、少しだけヒントになるようなコメントをするようにしていました。

「法事というのは、ほらこの前、親戚で集まった、あれが法事。みんな黒い服着て来たでしょう？　あんな感じでお坊さんがお経を読むのよ」

折にふれて、年中行事や近所でのできごと、新聞に載っている事件や、社会の問題について話すと、おぼろげながら問題のイメージがつかめます。

そのイメージを念頭に問題を解いていくと、よく理解できると思います。

長文読解は鉛筆でたどる 4年～

国語、特に長文読解が苦手な子には共通点があります。

それは文章をよく読んでいない、つまり、読み飛ばしているということです。

全体をじっくり読めていないので、設問にも答えられません。

では、1文1文読むにはどうしたらいいでしょう?

私は、長文を読むときは、鉛筆で文章をたどりながら読むように言っていました。

鉛筆を宙に浮かせて文の脇を移動させ、なぞるように読んでいくのがいいと思います。

実際に線を書いてしまうと、記号や傍線とゴチャゴチャになって読み返しにくくなります。

また、黙読は子どもにとってとても難しい作業です。最初は音読でかまいません。口の中でもごもご小声で読みながら進めていくのもいいでしょう。

教科書のねらい通りに読まなくてもいい

1年〜

小学校では教科書に掲載されている作品を、段落に分け、意味を考えて細かく読解していきます。作品の構造を分析したり、主人公の気持ちを考え、主題（テーマ）を探し当てる作業をします。作者の意図を考えるのですが、文学作品も説明文も主題がどこにあるのかは、なかなか難しい問題だと思います。

場合によっては、先生の考えている方向に引きつける場合もあるかもしれず、それについていけない子ども、違う考え方をする子どもはとまどい、国語が苦手になることもあるのではないでしょうか。

感動的な作品を読んで「おかしい、感動できない。僕はおかしいのかな」と悩み国語が苦手になる感受性の強い子もいるかもしれません。

わが家の長女は、

「お母さんは『赤ずきんちゃん』を読んでくれたとき、その後で『私だったらオオカミがいるかもしれない森に子どもを1人でお使いに出さないけどね』と言っていた。今も覚えているよ」

と言っていますが、たしかにときどき私の感想も言っていました。

教科書に載っている作品を読んで、「僕だったら大きな魚が来たら速攻で逃げる。みんなと集まって大きな魚のふりなんてしない」と思う子がいてもいいと思います。一見、天邪鬼《あまのじゃく》な読み方のようですが、そう感じたのならそれでいいと、お母さんも否定しないで聞いてあげてください。

そのためには、いろいろな作品を次々と読むといいと思います。

この作品にはこう書いてあったけれど、こちらの作品にはこう書いてあると比較する中から感性や思考力が育っていくでしょう。

教科書に掲載されている作品を読んだら同じ著者の別の作品を図書館で借りて読むと、また別の角度から書いてある作品に出会うことがあるかもしれません。視野が広がって国語が好きになると思います。

作文を書くために必要なのは何でも言える人です　2年～

お子さんが作文をなかなか書けなくて悩んでいるという保護者の方は多いですね。文を書くというのはとても難しいことです。

文章を聞く ⇓ 読む ⇓ 文字が書ける ⇓ 何かを体験する ⇓ 物事を観察する ⇓ 言いたいことが生まれる ⇓ 作文

のように、多くの段階を経てやっと文を書くことができます。

生まれて10年足らずの子どもがこれを遂行するのはとてもたいへんなことで、大人が思っているようにはなかなか書けないのです。

作文は難しいことをお母さんたちはまず知っておいていただきたいと思います。

文章は、まず、「自分が言いたいこと」がなくては書けません。

自分が言いたいことが心の中に生まれるためには何が必要かというと、何でも自由に思ったことを話すことができて、否定せずに聞いてくれる存在です。

それが親ではないでしょうか。

学校であったことや、登校途中で見つけたことや友だちのこと、子どもたちには言いたいことがたくさんあります。

世間一般から見たらつまらないことでも、それらをおもしろがって聞いてくれたら、それが文章を書く土壌になります。

小さなことを否定しないで聞いてあげてください。子どもたちは何でも言いたいことを言っていいとわかり、言いたいことを文章にすることができるようになります。

たとえ書かれた作文が大人から見たらつまらなくてもそれでいいのです。つまらないことを書いてもそれが子どもの肉声だとしたらそれでいいと思います。

子どもの話すこと、書いたことを心の底からおもしろがってください。それが、お母さんの仕事です。

日記の宿題は口述筆記でいい　1年〜

　作文を重視する学校や先生の場合、日記を書く宿題が出ることがあります。毎日日記を書かせることもあるようです。低学年では絵日記、高学年では日記としている学校もあります。

　文章を書くことに慣れ、国語力を高める効果はあると思います。しかし、低学年の子どもはなかなか作文を書くことができません。題材を探すのもたいへんです。

　遠足や運動会など行事がある場合はラクですが、何も行事がないときは困るようです。そんなときはお母さんが題材を探せばいいと思います。

　あるとき、長男の学校で日記の宿題が出ました。「何も書くことがないよ〜」と言ったので、私は台所からバナナを持ってきて、「これについて書いてみたら？」と言いました。文章は口述筆記にしました。

「はい、ママが言うから書くのよ。『きょうはおやつにバナナがでました。ぼくはバナナがすきです。おとうとはバナナがきらいです』。はい、終わり」

こんな感じです。

それでは子どものためにならない？　自分でやってこそ国語の力がつく？

そんなことはありません。

お母さんの口述筆記をしているうちに、自分でも書けるようになります。

また、高学年で文章を書くのが得意な子、特に女子に見られる傾向ですが、毎日、日記を長々と書く子がいます。先生からの評価も高いので見過ごしがちですが、日記に時間を使いすぎるのは得策ではありません。特に、4年生以降で中学受験をするなら1時間も日記を書いているのは時間のムダです。早めに切り上げて読解問題を解いたり、漢字の練習に振り分けたほうが効率的と思います。

日記を書くことを文章力にするためには、優秀な大人が作文指導をする必要があります。書かせっぱなしの日記では、先生、生徒、親の自己満足でおわってしまいます。

夏休みの日記は〝未来日記〟で早く終わらせても

1年～

わが家では夏休みの宿題、特に計算・漢字のドリルやプリントなど提出物はなるべく早く終わらせるようにしていました。夏休みが始まって3日間で集中的にやってしまいます。

日記を書く宿題が出たら、これも遅くとも7月中には終わらせます。夏休みが始まったばかりで何もしていないのに、日記なんて書けるはずがないと思う真面目な方がいらっしゃるかもしれません。

でも、夏休みにすることといえば、花火、かき氷、すいか、おじいちゃん・おばあちゃんの家に行く、プールなど相場は決まっています。日記の題材は揃うので前もって書いてしまうのです。

親が口述筆記してもいいでしょう。

「今日はかき氷をしました。お母さんがかき氷機を出してきました。しゃりしゃりといい音がして氷がどんどん出てきました。僕は緑のシロップをかけました。お母さんは小豆の缶詰を開けてあんこをのせて食べていました」

こんな内容を子どもたちの学年に合わせて取捨選択して書かせます。

言ってみれば、〝未来日記〟ですね。

日付はたとえば8月5日と書いておきます。そして実際に8月5日が来たら、

「今日はかき氷をしようね。だって日記に書いたからね〜」

と子どもたちに言ってかき氷をします。実際にかき氷をするので嘘《うそ》にはなりません。

そもそも、日記とは真実だけを書くものなのでしょうか？　その日の終わりに苦役のように1日のことを思い出させて子どもに書かせるのが正しいですか？　思い出して書いても、それが間違っていたら「嘘」になりますか？　警察の調書ではないのですから、日記は未来のことでも夢を持って書いたらいいと思います。

子どもたちは未来日記が大好きで楽しそうに書いていました。

しなくてはいけないことは楽しく早めに終わらせて、1学期の復習などに充てたほうが有意義ですね。

3日間だけでも未来日記を書いてみるというのはどうでしょうか？　子どもは「や

った こと」を書くより「やりたいこと」を書くのが好きなので、日記ギライにしなくてすみます。

読書感想文は親子で読んでポイントを探す 3年〜

毎年、本を読んで読書感想文を書く宿題が出る学校が多いようです。読書感想文を書くために読書をするのは、本を読む喜びをなくしてしまうことになるのではないかといつも心配になります。

しかし、実際には宿題として出るので対策を講じなくてはいけません。

わが家では、課題図書、推薦図書が発刊されるとすぐに私が書店に行って、子どもたちそれぞれが興味を持ちそうな本の中から一番薄いものを選んで4人分4冊買ってきていました。発売されたらすぐに買うのがコツです。ある年、忙しくて書店に行く時間がなく、しかたなく8月の中旬になってから行ったことがありました。すると、課題図書、推薦図書のうちページ数の少ない薄い本は売り切れていて、残っていたのは分厚い本ばかりでした。これを見ても、いかに子どもたちが読書感想文を苦手にしているかわかりますよね。

さて、本を買ってきたら、まず私が読みます。読んで概要を伝えます。次に子どもが読みます。

読んだら、親子でどこがおもしろかったかの感想を言い合い、全体のポイント、つまり感想文の山場になる部分を決めます。

書くときは思ったままを書かせたらいいと思います。

コンクールに出す意気込みを持っているなら別ですが、学校に提出するだけだったら自由な感想を書いたほうが楽しめます。

大人にとっては、つまらないことを書いているなと思うような文章でも、子どもが楽しいと思うことを書くと印象深い文章になるものです。大学受験の記述問題のような、理路整然とした文章にしなくても大丈夫です。

「私自身が読書経験が少ないので、本を読んでどこがポイントかを子どもに伝える技量がありません」と言うお母さんもいらっしゃいますが、その場合は、最近は課題図書や推薦図書をいち早く読んで、主題やポイントをネットに上げているサイトがありますので、参考にするのも手かなと思います。

読書感想文も夏休みの楽しい思い出の1つにしたいですね。

点がとれて自信もつく知識問題

中学受験 4年～

国語には、読解問題と、漢字やことわざ、文法を問う知識問題の2つの分野があります。

「うちの子は読解が苦手」と悩むお母さんが多いのですが、知識が多ければ多いほど読解力が高くなりますから、知識問題もしっかりやってほしいと思います。

読解に比べて、知識問題は覚えることが多い割に配点が低いのでたいへんですが、できれば確実に点になりますし、算数や国語の読解に比べてお母さんが手助けしやすく、いっしょに勉強できる分野です。

子どもにとっては、読解で点をとるのは難しくても、漢字を10個なら10個きちんと覚えれば点数につながり自信になります。そういう意味で大事な分野だといえるでしょう。

問題集や参考書は〝寄り道学習法〟で進む

中学受験 4年〜

問題集を1冊解こうとするとき、楽しくやるにはコツがあります。それは問題集の1ページ目から最後のページまでを順番にしないことです。

最初に知識問題があれば少しやって、次は後ろの章に読解問題があればそれをします。次にまん中ぐらいの文法問題を解いて、また最初の知識問題をするというように、あちこち寄り道してやっていくと、飽きないので楽しく勉強できます。問題集の中をいったりきたりして進むと楽しいですね。

最初のページから順番に「がんばるぞ」とねじり鉢巻きでやっても、入試には出ない分野もあるので、そこは適当に飛ばして進みましょう。

同じ知識問題でも、ことわざを最後までやってから次に進むのではなく、5つ覚えたら、次の日は故事成語を覚え、また次の日は慣用句を覚えるというようにあちこち寄り道しましょう。

1ページ目から順番に勉強すると、最後がなかなか見通せずあせるばかりですが、〝寄り道学習法〟だと全体がどうなっているのか、自分がどこの位置にいるのかが早めにわかるので、あとどれぐらいやればいいのか把握できてあせらずにすみます。

知識問題項目と攻略法

中学受験 4年～

中学受験の国語の知識問題は次のような項目があります。

◉文字

音読み・訓読み

部首

熟語

◉言葉

漢語・和語・外来語

類義語・対義語

三字熟語・四字熟語

送り仮名
同音異字・同訓異字
同音異義語
筆順・画数
ことわざ
慣用句
故事成語
辞書

◉文法

文・文節・単語
主語・述語
修飾・被修飾
単語の種類（名詞・動詞・形容詞・形容動詞・接続詞・副詞・連体詞・助動詞・助詞・複合語）
敬語（尊敬語・謙譲語・丁寧語）

◈各項目のポイントと学習法

なかなかの項目数ですが、どこから出るかわからないので全部網羅しないといけません。この中で、和語、三字熟語、外来語は見慣れない保護者がおられるかもしれません。

○和語＝「さわやか」「草花」など、漢語に対して日本固有の言葉を指します。

○三字熟語＝「海水浴」「博物館」など漢字3字の熟語で、大人は親しみがあり使いこなせますが、子どもにはなかなか難しい熟語です。

応用として、「始発駅の反対語は何でしょう？（答え・終着駅）」などの対義語が出題されることもあります。

○外来語＝「バリアフリー」「コラボレーション」など現代に使われる言葉が出題され、子どもたちには難度が高い問題です。

わが家の子どもたちは、「外来語は、中学に行って英語を勉強したらふつうに出てきてすぐ覚えられた。小学校で必死で覚えたのは何だったんだ」と言っていましたが、なかなか難しい単語が出されます。

○文法＝出る問題は限られていますが、子どもたちが苦手にする分野も共通していて、みんなが嫌いなのが文法です。

ただ、ほとんどの人が苦手な項目を勉強して得意分野にしていると、他の人に差をつけられるので、文法が得意な人はさらに力を伸ばせたらおトクです。

○ことわざ＝これも出ることわざは決まっているので、順番に覚えていきましょう。

1日3つ、ことわざと意味を読み聞かせてはどうでしょう？

なぜ3つかというと、2つでは足りないし、4つでは多いからです。ほどほどの数が3つですね。

ことわざで頻出するのは、動物（生物）が入る穴埋め問題です。

例：

□の子は□……かえる

泣き面に□……蜂

□に小判……猫

たつ□あとをにごさず……鳥

○四字熟語＝四字熟語も出る問題はだいたい決まっているので、覚えるといいでしょう。

穴埋め問題もよく出ます。

四字熟語は数字を入れる問題が頻出します。

例：

□日□秋……一日千秋　□喜□憂……一喜一憂

□進□退……一進一退　□朝□夕……一朝一夕

再□再□……再三再四　□転□倒……七転八倒

□載□遇……千載一遇　□差□別……千差万別

□変□化……千変万化

○慣用句＝昔から言い習わされてきた決まり言葉です。身体の一部や、動物・植物が入ったものが多く、穴埋め問題で頻出します。

例：

□が棒になる……足
□がかたい……口
□が知らせる……虫
□がひろい……顔
□の手も借りたい……猫

これらの知識問題は、多岐にわたっていて面倒ですが、出る問題は決まっているので、きちんと覚えましょう。

問題を拡大コピーしてノートに貼りつけ、読んだり書いたりして覚え、覚えたらチェックを入れたり、シールを貼って繰り返します。

四字熟語、ことわざは新聞の読み聞かせで実感

中学受験 4年～

約100の四字熟語を覚えれば準備は万全です。

塾で四字熟語を習い、テストがあるのでしかたなく子どもたちは暗記します。でも、

それだけでは、子どもたちはよく理解しているとはいえません。なぜなら子どもたちの生活の中で、四字熟語はあまり使われていないから身についていないのです。

四字熟語を実感として理解させるために、私は新聞を使いました。

文化欄や投書欄に四字熟語が出てくることがあります。

見逃せないのがスポーツ欄で、

「一進一退の試合展開……」

「まさに絶体絶命の状況から……」

「千載一遇のチャンスを生かし……」

など頻出します。

四字熟語が使われている記事を発見すると、赤マジックで丸をつけて子どもたちに見せ、その部分を読み聞かせて「こんなふうに使われているよ」と伝えます。

すると子どもは、彼らの暮らしの中では馴染《なじ》みはないものの、どんなふうに使われているのか理解できて、覚えやすいのです。

「ほら、ここに本末転倒って出ているわよ。こういうふうに使うんだね」

「ふうん。そういえばこの前のテストで『倒』のにんべんを書くのを忘れて×だったわ」

「倒と到は間違えやすいよね」

……こんな会話をすると次から間違えなくなります。

人生経験の浅い子どもたちは、机の上で勉強しても実感が湧きません。新聞を通してリアルな使い方を知ることで浸透していきます。

これはことわざを覚えるときも同じです。

母特製〝必殺ノート〟で反復練習

中学受験 4年～

わが家では間違えた知識問題をノートに集めてまとめていました。

塾のテスト、模擬テストなどで間違えた問題を、リングノートに大きくマーカーで書いたり、問題をコピーして貼ります。わが家では私がこのノートの作成担当でした。

このとき、「ことわざ」のノート、「漢字」のノートなどと、まとめないのがコツ。

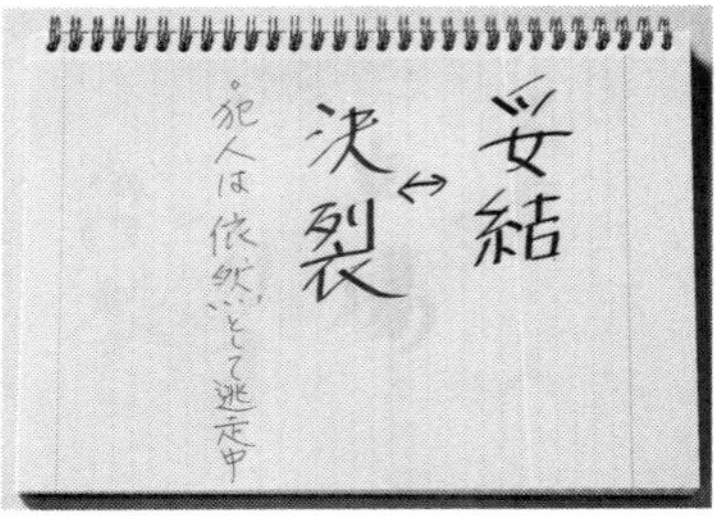

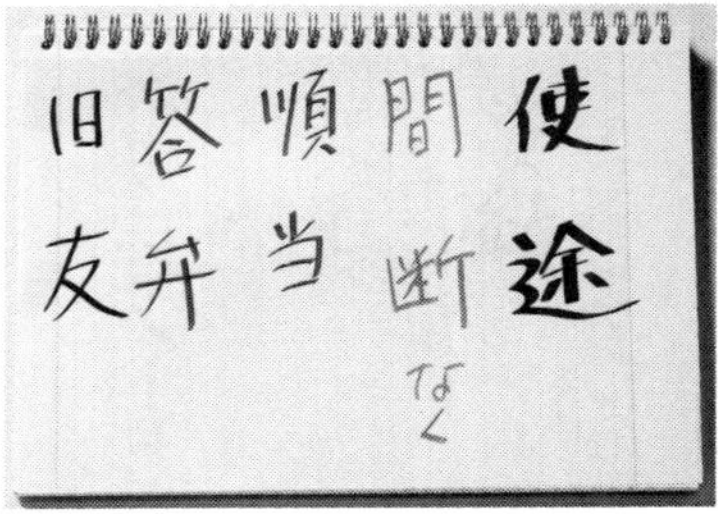

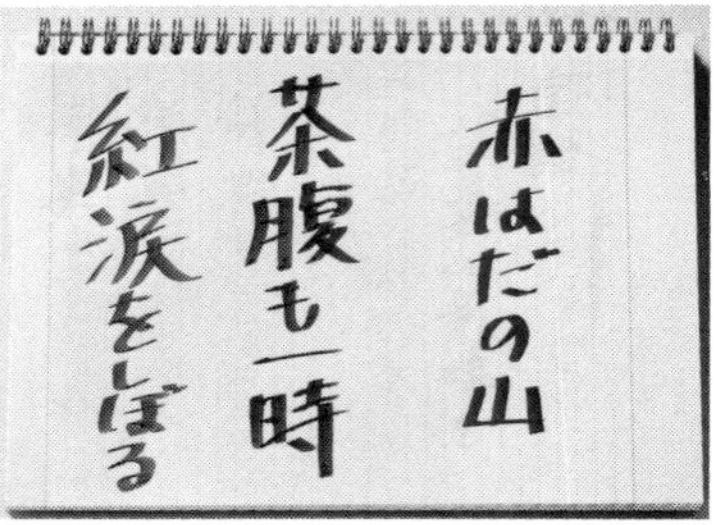

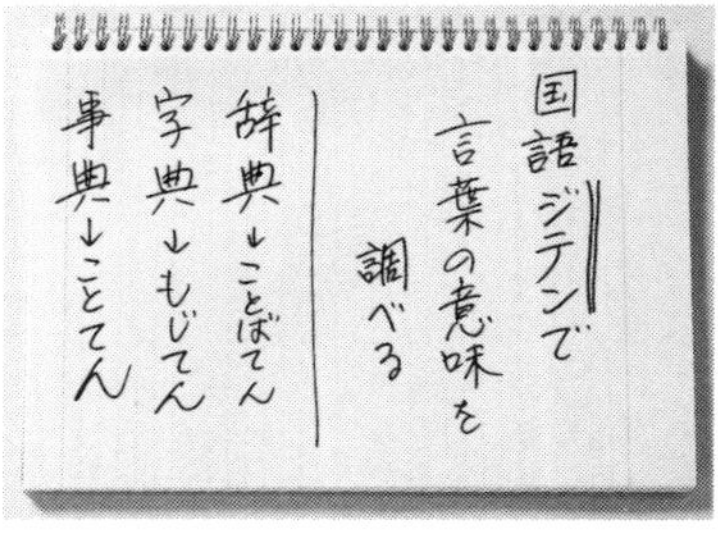

「必殺ノート」は間違えた問題を集めたノート。色マーカーを使って楽しく彩ったり工夫する。時間のあるときに次々にめくって答えていく。

暗記は整然と順番になっているよりも、雑多に無秩序に並んでいるほうが覚えやすいのです。

あるノートには同音意義語が出たら次のページはことわざ、次のページは漢字書き取り、また次は部首の問題……というように、次々とジャンルに関係なく書いていきます。

このやり方はテレビのクイズ番組に似ています。クイズ番組ではいろいろな分野の問題がシャッフルされ、一問一答形式で次々に出題されるので視聴者が飽きずに見入ってしまうのです。「必殺ノート」はちょうどテレビのクイズ番組を見ているようで楽しくできます。

読解問題は、母が音読して〝イメージ読み〟する

中学受験 4年〜

小学校では、作品を読んで段落分けして意図を考え、さらに行ごとに意味を考えていくような授業が行われています。

特定の作品を読み込み、言葉で理解することはたいせつですが、難度の高い作業で時間もかかります。

それよりも、作品の場面や登場人物のやりとりを映像としてイメージすれば、作品のストーリーと著者の意図もとらえることができるのではないでしょうか。

英語で、go＝「行く」と言葉で覚えるよりも、「ここから向こうに移動すること」とイメージでとらえておくと、go out（出て行く）、go round（1周する、巡回する、歩き回る）などのイディオムも理解できます。

国語も語学の1つなので、イメージでとらえるとたやすく理解でき、楽しく勉強できます。

これを私は〝イメージ読み〟と呼んでいます。

具体的に言うと、読解の問題をお母さんが音読すること。子どもたちの中学受験では、長男は自分で解けていたのですが、次男は6年生になっても読解問題が苦手だったので読み始めました。これを踏まえて三男、長女は4年から読み聞かせていました。

〝イメージ読み〟は次のようにします。

①母が音読する

母が問題文を読み上げます。物語文では主人公の気持ちになって感情をこめて読めば一番いいのですが、楽しく読んでください。

②子どもはごろごろしながら聞く

子どもはこの間、そのへんでごろごろしながら聞いています。同時にテキストを黙読したり、正座してかしこまって聞く必要はまったくありません。寝ころびながら聞くだけで大丈夫です。

③母が読み終えたら、子どもが設問を読んで解く

母が読んだ後、「今度は自分で読みなさい」と問題文を渡してはいけません。

子どもの脳裏には文章がイメージ化されてとらえられています。ここで文字で読むとせっかくの映像が消えてしまいます。聞いたらすぐに問題を解きましょう。

〝イメージ読み〟のメリットは以下です。

①宿題がすぐ終わる

私は主に塾の宿題の読解問題を読んでいました。子どもたちにとってハードルが高いのは読むこと。読むのがめんどうくさくてたいへんなのです。その点、母が音読すれば聞いていればいいだけなので子どもにとってはラクで楽しい時間となります。

②理解しやすい

文字を追って理解するよりも、耳で聞いて理解したほうが映像化しやすくイメージでとらえることができるので、作品のストーリーや意図がすんなり理解できます。したがって、問題もすらすら解けます。

耳は発達しにくい器官ですが、一度発達したら衰えにくい器官でもあります。文字で得た情報よりも、テレビや映画で見たことのほうが忘れにくいのといっしょです。

③国語が好きになる

国語が嫌いな子は最初から嫌いなのではありません。本来子どもは、テキストに書いてある内容はおもしろいし、知識が得られたりするので好きなのです。でも、読むのがたいへんなので国語が嫌いになってしまったのではないでしょうか。

ハードルの高い「読み」をだれかが手助けすればラクに内容に接することができるので、読み聞かせているうちに国語が好きになると思います。

「読むのはたいへんです」と言うお母さんもいらっしゃるかもしれませんが、出された問題を全部読む必要はありません。

3題出たら1題だけ読む、時間があるときに読むなどお母さんがラクな方法で読んでください。

かつて、絵本を読み聞かせたように、文章を音読するのは親にとっても楽しい仕事です。〝イメージ読み〟のための音読で、たくさんの良質な作品を味わうことができ、私自身も得ることがありました。

子どもの黙読力がつくまで読み聞かせる

中学受験 4年～

「親が読んでしまうと読解の勉強にはならないのでは」と心配する方もいらっしゃいますが、耳で聞いているうちに文章を理解する力が育ってきます。子どもに読解力がつくまで音読したらいいと思います。

わが家の三男は6年生の中ごろまで塾の宿題の問題文を読み聞かせていました。ある問題で、子どもが10人ぐらい出てくる小説がありました。いつも私はわかりやすいように、男の子は低い声で女の子は高い声でと読み分けしていたのですが、何人も登場してきたので混乱してしまい、男の子なのに高い声で読んだりして、「あれ？ あ

れ？」ととまどっていると、黙って聞いていた三男が、

「お母さん、せっかく読んでくれてるから言わなかったけど、もう僕、自分で読めるし、そのほうが早いから」

と言ったのです。

いつしか成長して自分で黙読できるようになっていて母はお役御免になりました。

子どもの国語力は伸びていくので、いつか必ず長文でも1人で黙読して内容をイメージし、問題が解けるようになるものです。

それまでは読み聞かせてあげたらいいと思います。

読解問題はまず設問を読む

中学受験 4年～

読解問題の解き方は、塾や先生によって方法が違います。ここでは、私が一番子どもにわかりやすいと思うやり方を紹介します。

読解文はまず、設問を読みます。設問を読むと、どんな話でどんな事物が登場するのかがわかります。

設問を読んで全体像をとらえてから、問題文を細かく読み、また設問に戻って問題を解いていきます。

設問と問題文を読みながら印をつけていくと、何回も読み返さずにすみ効率的に解答できます。

印をつけるときは文字にかからないようにするのがポイントです。文字にかかると後で読めなくなって混乱します。

○選択肢から選ぶ問題＝「最も適当なものを次から選びなさい」という問題の場合、設問と選択肢をざっと読み全体像をつかんでおきます。

気をつけなくてはいけないのは、「適切でないものを選びなさい」という設問です（数年前、大学受験のセンター試験で、最初は正しいものを選ばせて、後半は正しくないものを選ばせるという出題があり、多くの受験生がひっかかって点数を落としたことがあります)。「適切でないものを選びなさい」と書かれているときだけ、「適切でないもの」という語句に傍線を引くか◯で囲みましょう。

○文字数が指定されている問題＝「――①の理由を30字以内で答えなさい」など文字数が指定されていて、問題文の中から選ぶ場合は、問題文の該当部分を見て、――①の横に「理由㉚」と書いておきます。

「前の文章から選んで30字以内で答えなさい」とあったら、該当する文章の前の文章に、カギカッコで印をつけておくとわかりやすいでしょう。カギカッコには矢印をつけるとさらに明確です。

○記述式問題＝「文中の語句から選んで書きなさい」と「自分の言葉で書きなさい」ではまったくアプローチが違います。紛らわしいと思ったら、設問の「文中の語句」「自分の言葉」に傍線を引いておきます。

☑本文は、「だれが」を意識しながら読む

中学受験 4年〜

設問を読んだら、次に問題文を読んでいきます。

すでに、設問を読んで○で囲んだり、傍線を引いてあるのでその部分を意識して読んでいくと、内容が理解できます。

本文を読むときは次の3つに印をつけながら読みましょう。

＊いつ……現在のことなのか、昔のことなのかわかる語句があれば印をつけます。

＊どこで……場所が書いてあれば印をつけます。場面が変わる場合はそこにも印を入れます。

＊だれが……一番大事な部分です。問題文に複数の人物が登場する場合は、その中のだれが行ったのか、思ったのかがポイントになります。「太郎君は」とあれば「太郎君」を○で囲んでおきましょう。

代名詞が出たらそれがだれなのか書いておくと、理解しやすくなります。最初に

「太郎君は……」と書いてあって、次に「彼は」と書いてある場合があります。1人ならわかりやすいのですが、複数の人物が登場する場合は、それがだれの発言、行動なのかがわからなくなるので、「彼は」と出てきたら、その場で傍線を引いて「太郎」などと書いておくとストーリーの展開が把握しやすくなります。

「それ」「これ」を書き出す問題は○を薄くつけて読む

中学受験 4年～

読解問題でよく出されるのが、文中の「それ」「これ」とは何を指しますかという問題です。

設問を読んでその問題があるとわかったら、文章を読んでいる最中に、「これかな」「ここらへんにあるかな」と思える部分に鉛筆で薄く、傍線または○をつけておくように教えてください。

ここでしっかり、「それ」「これ」は何かを考えると、文章を読んでいて頭に浮かぶ映像＝イメージが消えてしまうので、なんとなく印をつけるだけにしておきます。

すぐに答えに飛びつくと間違えます。ぼんやりとマークしておいて、文章を読み終わって、問題を本格的に解くときにもう一度、考えます。

当然のことですが、「それ」「これ」を具体的に示す語句や文章は、「それ」「これ」の前にあります。

「それ」「これ」の2〜3行前にあれば探しやすいのですが、場合によってはかなり前に該当する語句や文章が書かれている場合があるので、注意が必要です。

文章を選ぶ問題は、×の記述を探して絞り込む

中学受験 4年〜

国語が苦手な子が迷うのが選択問題です。

たとえば、「このときの『私』の心情として適切なものを次から選びなさい」とあって、4つ、または5つの文章の中から選ぶもの。

簡単そうに見えますが子どもにとっては難しいのです。

この場合は選択肢を読み、

＊明らかに違うと思われる部分に傍線を引いて×と記入します。
＊違うか合っているか迷い、自信がないなら△です。

合っている文章に◯をつけたらいいと大人は思いますが、子どもは合っていると自信をもって判断することはなかなか難しいのです。

×や△のほうがつけやすいので×と△を先につけます。

×と△がない文章が、適切な文章です。

子どもは、大人が見ると明らかに違うと思われる文章を選んだり、違うと思われるものを消去法で消していき、最後に2つ残ってどちらか迷った挙げ句に間違えたりします。

わが家の次男は大学受験でセンター試験を控えた高校3年の12月ごろ、5択問題で2択に絞り込んだ選択肢の正解でないほうをいつも選んで点数を落としていました。センター試験の5択問題は1問8点と配点が高いものも多いので困りました。

そこで、私は、「2つまで残ったら、自分がこれが正しいと思う答えとは違う答えのほうを選んだら合うんじゃないの」と言いました。次男は、「とてもそんな勇気はありません」と言ったので、笑った思い出があります。

ではどうしたらいいのかというと、これも慣れるしかないのです。問題を数こなして、出題者の意図を汲《く》むしかありません。問題は微妙なところを突いてくるので、引っかかりやすい部分が探り当てられたら正解が出ます。

説明文は新聞記事の読み聞かせでカバーする

中学受験 4年～

読んで映像を想起し、イメージで把握しやすいのが小説や物語文です。

これに対して、説明文は社会で起きているできごとを基盤にしていることが多いため、イメージだけでは読み解けません。

入試問題の読解では次のような分野から出題されます。

＊環境問題

＊戦争と平和

＊科学と文化
＊社会問題
まだ10年ほどしか生きていない子どもたちがこれらを理解するのは難しいでしょう。中学受験が精神年齢の高い子に向いているといわれるのもこのためです。

人生経験の浅い子どもたちに、世の中で起きていることを知らせるために、私は新聞記事を読み聞かせていました。

「年金を巡って高齢者の家族が困っている」「医学の進歩でこのようなことが可能になった」などの記事があると、食事のときなどに、「こんなことがあるんだね」と読み聞かせていました。子どもたちはふんふんと聞いていたように思います。

特に勉強のためになるように新聞を読んでいたのかというとそうでもなく、ただ単に、私の興味のあるものを読んで伝えていただけなのですが、それでもいいと思います。昨今では新聞を読む家庭が少なくなっていると聞きますが、手軽に現代の様相がわかるメディアとして存在感はあるのではないでしょうか。

このようなことを念頭に、次ページの問題を解いていきましょう。

次の文章を読んで、後の問いに答えなさい。

　ある日の昼食のあとで庭へ出て、いちばん毛虫の多くついた薔薇《ばら》を見に行った。そして見当たりしだいに箸《はし》でつまんで処分《しょぶん》していた。人間の立場から、どうもこうしなければしかたがないのである。

　まんまるくひろがった薔薇の枝《えだ》の冠《かんむり》の上に、土色をした蜥蜴《とかげ》が一匹《いっぴき》横たわっていた。じっとして、いわゆるこうらを干しているという様子であった。しかしおそらく①そんななまあたたかい享楽《きょうらく》のためではなくて、これもまたもっとせっぱつまった生存《せいぞん》の権利《けんり》を主張《しゅちょう》するために、何かを期待して狙《ねら》っていたに相違《そうい》ない。ときどきのそのそはい出しては、またじっとして意地のわるそうな眼《め》を光らせている。ことによると、これは青虫でも捜《さが》しているのではないかと思われた。②もしそうだとするとありがたいわけだと思った。

　たちまち眼の前に一つの争闘《※そうとう》の活劇《かつげき》が起こった。同じ薔薇の上になにものかを物色※していた濃褐色《のうかっしょく》の蜂《はち》が、突然《とつぜん》ほとんど何の理由ともわからず、またなんらかの予備行為《こうい》もなく、いきなりこの蜥蜴の背《せ》に飛びかかった。そして、右の後ろ脚《あし》の付け根と思うあたりを刺《さ》したように見えた。

　しかし蜥蜴はほとんどなにごとも起こらなかったかのように、じっとしたまま、身じろぎひとつしなかった。そして数秒の後に、またのそのそとはい出して、一寸（約三センチメートル）くらいも歩いたかと思うと立ち止まって小さな眼を光らせていた。

　③どういうわけで蜂がこのような攻撃《こうげき》をした

か、私には少しも見当がつかなかった。人間ならば商売敵《しょうばいがたき》ということばで容易《ようい》に説明されるべき行為《こうい》の動機が、この場合に適用《てきよう》するかどうか、それはまったくわからない。とにかくこの活劇は私にいろいろなことを連想させたが、しかし④自然の事実からは人間の都合《つごう》のいいモラル※は必然には出てこなかった。

同じ薔薇の反対の側へ回ってみると、そこにも一匹の蜂がいた。そして何かしらある仕事をしているのであった。

それは、さっき蜥蜴を攻撃したのと同じ蜂かどうかはわからないが、とにかく同じ種類のものであった。広い葉の上に止まって前脚《まえあし》で⑤小さな毛虫らしいものをしっかりつかまえて、それをあの鋭《するど》いはさみのようなくちばしでしきりに噛《か》みこなしていた。私が見つけた時には、それがもうほとんど毛虫だかなんだかわからないようなかたまりになっていたが、ただそのまわりから突《つ》き出た毛束《けたば》によってそう考えられたのである。たえず噛みながら脚で器用にかたまりを回していくので、始めには多少いびつであったのが、ほとんど完全な球形になってしまって、もうどこにも毛などの痕跡《こんせき》は見えなくなってしまった。回す拍子《ひょうし》に、一度危《あぶ》なく取り落とそうとしてやっと取り止めた様子は滑稽《こっけい》であった。蜂はやがてこの団子《だんご》をくわえて飛び出そうとしたが、どうしたのかもういっぺん、他の枝《えだ》に下りた。人間ならばざっと荷物をこしらえて、試みにちょっとさげてみたというような体裁《ていさい》※であった。そしてまたしばらく噛んで丸める動作を繰《く》り返《かえ》していた。からだ全体で⑥拍子をとるようにして小枝をゆさぶりながらせっせと働いているところは、見るも勇ましいけなげなものであった。⑦渋色《しぶいろ》をした小さなからだが精悍《せいかん》の気ではちきれそうに見えた。二、三分もすると急に飛び上がって、一文字に投げるよう隣家《りんか》の屋根をすれすれに越《こ》して見えなくなってしまった。

私は毛虫にこういう強敵《きょうてき》のあることはまったく知らなかったので、この目前のできごとからかなり強い印象《いんしょう》を受けた。そしていまさらのように、自然界に行われている「調節《ちょうせつ》」の複雑《ふくざつ》で巧妙《こうみょう》なことを考えさせられた。そして⑧気まぐれに箸《はし》の先で毛虫をとったりしている自分の愚《おろ》かさに気がついた。そしてわれわれがわずかばかりな文明に※自負《じふ》し、※万象《ばんしょう》を征服《せいふく》したような心持ちになって、天然ばかりか※同胞《どうほう》とその魂《たましい》の上にも自分勝手な箸を持っていくようなことをあえてする、それが一段《いちだん》高いところで見ている神様の目には、ずいぶんおろかなことに見えはしまいか。ついこんなことも考えた。

（寺田寅彦『蜂が団子をこしらえる話』より）

※争闘の活劇……はげしいたたかいの場面。
物色……探し出すこと。
モラル……社会のきまり、ルール。
体裁……外見、みかけ。
自負……自分に自信をもつ気持ち。
万象……あらゆる物事。
同胞……なかま。

問1　――線①「なまあたたかい享楽」とありますが、これはどういうことですか。最も適当《てきとう》なものを次から選び、記号で答えなさい。

ア　蜥蜴をさわったときのようなぬるりとした感触。

イ　こうら干しをしているというような楽しみ。

ウ　生きることを主張するための燃えるような意志。

エ　餌がやってくるのをのんびりと待っている期待感。

問2　――線②「もしそうだとするとありがたいわけだ」とありますが、それはなぜですか。次の☆の文の□にあてはまる言葉を、それぞれ指定字数にしたがって――線②より前の文中からぬき出して答えなさい。

☆　ア(二字)をみずからの イ(二字)のためにねらっている蜥蜴は ウ(五字)から考えると良き協力者であるから。

問3　――線③「どういうわけで蜂がこのような攻撃をしたか、私には少しも見当がつかなかった」とありますが、どうして蜂がこのような攻撃をしたのか、文中の内容からその理由を考えて、三十字以内で答えなさい。

問4　――線④「自然の事実」とありますが、これと同じ内容をくわしく説明している部分を、これより後の文中から二十五字以内でぬき出して答えなさい。

問5　――線⑤「小さな毛虫らしいもの」とありますが、「毛虫らしい」と筆者が判断《はんだん》している理由を文中から十三字でぬき出して答えなさい。

問6　――線⑥「拍子をとるように」とありますが、これはどういう意味ですか。最も適当《てきとう》なものを次から選び、記号で答えなさい。

ア　呼吸《こきゅう》を整えて
イ　勢いをつけて
ウ　一定の動きで
エ　なめらかな仕草で

問7　――線⑦「渋色をした小さなからだが精悍の気ではちきれそうに見えた」とありますが、それは具体的にはどういう様子を表していますか。最も適当なものを次から選び、記号で答えなさい。

ア　小さな土色の蜥蜴に生命力が満ちあふれているようす。
イ　黄色くすばしこい蜂がぶんぶんと飛び回っているようす。
ウ　蜂が重い荷物をこしらえて力強く持ち上げるようす。
エ　落ち着いた色の蜥蜴が精神まで落ち着いて見えるようす。

問8　――線⑧「気まぐれに箸の先で毛虫をとったりしている自分の愚かさに気がついた」とありますが、これはどういうことですか。次の☆の文の□にあてはまる言葉を文中から四字でぬき出して答えなさい。

☆　我々人間は、自然界に存在する一生物であることを無視して、□に行動している愚《おろ》かさに気がついた。

解答

問1 イ
問2 ア 青虫（毛虫） イ 生存 ウ 人間の立場
問3 蜂にとって蟖蜴は同じ毛虫をねらうライバルの関係であるから。（同意可）
問4 自然界に行われている「調節」の複雑で巧妙なこと
問5 そのまわりから突き出た毛束
問6 ウ 問7 ウ 問8 自分勝手

解説

問1 蟖蜴のことを言っていることに注意する。
問2 「毛虫を箸で取らなくてすむこと」が「ありがたい」のは人間の立場からであることを考える。
問3 蜂が蟖蜴をねらうのは同じ毛虫をえさにしているからである。
問5 「私が見つけた時には〜」の一文に説明されている。
問7 蜂のことを言っていることをまずとらえ、「精悍の気ではちきれそうに」という表現に注意する。

〈浜学園「国語」小5テキストより〉

＊解き方の順序

①設問を読む。

問1＝ア〜エの選択肢をざっと読む。

問2＝傍線②より「前の文中」からぬき出すので、傍線②に前を指す矢印つきのカギカッコを記入する。

問3＝傍線③に「理由㉚」と書き入れる。

問4＝傍線④の後に矢印を入れ、㉕と書き入れる。

問5＝傍線⑤に◯を入れ、「理由⑬」と記入する。

問6＝ア〜エの選択肢をざっと読む。

問7＝ア〜エの選択肢をざっと読む。

問8＝傍線⑧の横に「④」と書いておく。

②印をつけながら本文を読む。

読むときは、「だれが（何が）」を意識する。ここでは、登場してくる「毛虫」「薔薇」「蜥蜴」「蜂」などの語句を◯で囲み、何について述べているかがわかるように、カギカッコして「はち」「とかげ」などと記入する。「小さなからだ」とある部分が具体的に蜂だとわかれば「はち」と書いておく。

③設問に戻って、問題を解く。

印がついている文章の周辺を再度読みながら解いていく。

問1＝「だれが」を意識し、違うと思う選択肢を排除して選ぶ。

問2＝カギカッコをつけた「前の文中」から、2字、5字の語句を探す。

問3＝「理由㉚」と書いた周辺の文章を読んで答える。

問4＝「後の文中から」とある場合、子どもは次の段落だけ読んで答えを探そうとしがち。しかし、問題文の最後のほうに答えがあることもあるので、必ず最後まで見て探すように教える。

問5＝⑬と記入した周辺から13字を意識して語句を探す。

問6＝違うと思うものに△をつけ絞り込む。

問7＝問題文に「はち」と記入してあるので、「蜂」についての問いとわかる。2つの選択肢から意味を考えると答えが出る。

問8＝最終問題は一番難問で配点も高いので、気合を入れて解くことが大事。4字の語句を探しながら読んでいく。

詩などの韻文は用語を理解する

中学受験 4年～

詩や俳句、短歌など一定の形式を持つ文章を韻文といいます。

作者の意図を理解するという点では、小説や物語、随筆などの散文よりも難しいと大人は思いがちですが、子どもたちは、韻文の問題が出ると「やった！」と喜びます。それは「短いので読む量がすごく少ないから」。

読む量が少なくてすむので、ラクなのです。

（それほどまでに子どもは長文読解が嫌いですので、やはり苦手な子ほど音読してあげたほうがいいですよね）

韻文の読解の場合は、表現技法の言葉を覚えておく必要があります。たとえば、

*倒置法＝印象を強めたり強調するためにふつうの語順と逆にすること。
*体言止め＝一句や一文の末尾を、名詞、代名詞などの体言で終わらせること。
*押韻＝一定の場所に同じ韻の字を使うこと。

＊対句＝語の並べ方を同じにして意味は対になる2つ以上の句を連ねて表現する方法。
＊擬人法＝人でないものを人に見たてて表現する修辞法。
＊比喩＝物事の説明にそれと類似したものを借りて表現する方法。

これらがよく出題されるので押さえておきましょう。

記述式問題は模範解答に近ければいい

中学受験 4年～

今後は自分の思いを伝えるのが大事ということで、入試記述式の問題が増えるといわれています。そのためにも書く力が必要だと思われているようです。

中学受験でも大学受験でも記述式で答える問題があります。なかなか答えられなくて、「答え」を見ると、模範解答が出ています。この模範解答はすばらしすぎてとてもこれほどまでに書けないと落ち込むことが多々あります。

しかし、この模範解答の文は、100点満点でいえば200点ぐらいの磨き抜かれた解答なので、ここまで書ける生徒はほとんどいません。模範解答はあくまで模範として、それに近い解答ができればいいと割り切りましょう。

おわりに　～understandから始めましょう！～

４人の子どもを育てて思ったことがあります。それは、

「どうして同じ両親から生まれて同じように育てたのに、それぞれ性格が違うんだろう」

ということです。

冷静で堅実な長男、明朗活発で話好きな次男、マイペースで研究熱心な三男、素直で思いやり深い長女と、性格も考え方も違うのです。

みなさんのおうちのお子さんも、それぞれ異なった個性をお持ちだと思います。

勉強の進度も、それぞれ習熟度や得意なこと、苦手なことも違います。どこがわからないのか、その場所を探して教えたり、練習させたりするとどの子も伸びていきます。１人ひとり伸びるポイントは違うので、よく見て子どもを理解するとそのポイントがわかります。

「子どもを理解する」とはどういうことでしょうか。

「理解する」は英語でunderstandと言いますね。

underは、「下に」という意味で、standは「立つ」なので、understandは下に立つこと。underには「近くに」「間に」という意味もあるようです。近くに行って立つことから理解が始まるという意味だと思います。

相手が子どもの場合は子どもの目線に合わせて立つことから、理解が始まると私は考えています。

小さい子どもなら、見下ろすことなく子どもの背の高さに合わせて、寄り添って立つのです。

子どもの横に同じ高さで立ってみたら、

「ああ、この子から世界はこう見えているんだな」

とわかります。

そして、

「こんなことを考えていて、こういうところがわからないんだな」

と見えてくるでしょう。

寄り添って立つという視点を持つことが勉強だけでなく、子育ての基本、もしかすると人間関係すべての基本かもしれません。


子どもには1年生、2年生という学年の区分けがありますが、それは子どもに外部から与えられた立場であって、その子自体ではありません。

2年でもたし算が苦手な子がいて、4年になっても2年で習った漢字が覚えきれていない子がいるのは当然で、学年という立場を外して、その子の横に寄り添って子どもが見ているものを眺めたら、子どもが何を考え何に困っているのかがよくわかると思います。わからない部分をいっしょに勉強してわかるようにすれば、子どもはどんどん伸びていくでしょう。

それが本当の understand なのではないでしょうか。

この本では勉強の基礎になる、小学校の算数と国語をお母さんが見てあげるという前提で家庭学習の方法をなるべく具体的にわかるように書きました。

子どもに外から与えられた学年という立場があるように、保護者も「成績が上がってほしい」「合格してほしい」という親としての立場からお子さんにものを言うことが多いと思います。

親である以上、それでいいのですが、一度お母さんもお父さんも親という立場を外して、お子さんの横に同じ高さで立ってみてはいかがでしょうか。お子さんが考えていることや感じていることがわかり、発見があると思います。

understandから始めれば、保護者自身も世間や学校の価値観から自由になってラクになり、お子さんといっしょに楽しく学べるようになると思います。

この本の出版にあたりまして、幻冬舎の鈴木恵美さん、ライターの今津朋子さん、素敵な写真を撮ってくださった岡本尚樹さんには大変お世話になりました。心より感謝致します。

佐藤亮子

〈著者プロフィール〉

佐藤亮子（さとう・りょうこ）

大分県生まれ。津田塾大学英文学科卒業。大分県の私立高等学校で英語教師として勤務後、結婚。長男、次男、三男、長女の4人の子を育てる。長男、次男、三男は灘中学校・高等学校を経て東京大学理科Ⅲ類（医学部）に進学。長女も洛南中学・高等学校を経て2017年東京大学理科Ⅲ類に合格。全員が東大理Ⅲに進学したことから、その子育て法、勉強法が注目されている。個性を大事に、子どもの気持ちに寄り添う愛情溢れる子育ての姿勢、またの効率的でキメ細かな勉強サポート術に定評がある。進学教室「浜学園」でアドバイザーとして活動するほか、メディアでも発言している。著書に『「灘→東大理Ⅲ」の3兄弟を育てた母の秀才の育て方』『「灘→東大理Ⅲ」3兄弟の母が教える中学受験勉強法』（ともにKADOKAWA）、『3男1女 東大理Ⅲ合格百発百中 絶対やるべき勉強法』（小社）などがある。

3男1女 東大理Ⅲ合格百発百中
算数 国語 絶対やるべき勉強法

2018年10月25日　第1刷発行

著　者　佐藤亮子
発行人　見城 徹
編集人　福島広司

発行所　株式会社 幻冬舎
〒151-0051　東京都渋谷区千駄ヶ谷4-9-7

電話　03(5411)6211(編集)
03(5411)6222(営業)
振替　00120-8-767643
印刷・製本所　中央精版印刷株式会社

検印廃止

ISBN978-4-344-03371-9　C0095
幻冬舎ホームページアドレス　http://www.gentosha.co.jp/

この本に関するご意見・ご感想をメールでお寄せいただく場合は、
comment@gentosha.co.jpまで。